편하게 만나는 프랑스 철학

푸코와의
1시간

편하게 만나는 프랑스 철학

푸코와의
1시간

초판 1쇄 인쇄 2021년 10월 15일
초판 1쇄 발행 2021년 10월 22일

—

지은이 이명곤
펴낸이 이방원
기획위원 원당희
편 집 조상희 · 김명희 · 안효희 · 정조연 · 정우경 · 송원빈
디자인 양혜진 · 손경화 · 박혜옥   **영 업** 최성수

—

펴낸곳 세창출판사
　　　　신고번호 제1990-000013호 주소 03736 서울시 서대문구 경기대로 58 경기빌딩 602호
　　　　전화 723-8660 팩스 720-4579 **이메일** edit@sechangpub.co.kr **홈페이지** http://www.sechangpub.co.kr
　　　　블로그 blog.naver.com/scpc1992 페이스북 fb.me/Sechangofficial 인스타그램 @sechang_official

—

ISBN 979-11-6684-052-4 02160

푸코와의
1시간

편하게 만나는
프랑스 철학

이명곤 지음

세창출판사

혁명적인 정신을 가진 포스트모던의 철학자

 디토 몬티엘 감독의 영화 「블러바드Boulevard」는 故 로빈 윌리엄스가 주연으로 나오는 동성애를 다룬 영화이다. 이 영화는 동성애를 주제로 한 것이나 다만 동성애만을 문제 삼고 있지는 않다. 영화가 관객들에게 '나는 누구인가?'라는 '정체성'의 문제를 끊임없이 질문하고 있기 때문이다. 나는 누구이고, 어떤 사람인가? 내가 진정으로 원하는 것은 무엇이며, 지금 나는 행복한가? 이 같은 질문들은 어느 정도 인생을 산 사람이라면 누구나 한 번쯤은 가져 보았을 것이다.

주인공 놀란(로빈 윌리엄스)은 성실한 은행원이자 모범적인 남편으로 안정적인 가정을 꾸려 왔으며 성공한 사회인의 이미지를 가지고 살아가고 있다. 그런데 어느 날 자신과는 너무나 다른 리오(로버토 어과이어)를 만나면서 인생의 반전을 맞이하게 된다. 그는 평생을 가슴 속에 감추어 온 동성애적 성향을 강하게 느끼게 된다. 60살이나 된 사람이 20대 청년에게 '사랑'의 감정을 느끼게 된 것이다. 마치 18세 소녀가 첫사랑을 느끼듯 평생 한 번도 가져 보지 못한 마음속의 설렘을 간직한 채 그는 "이제 진짜 세계와 마주할 시간이야"라고 외친다. 이후 영화는 성 정체성에 갈등을 겪는 한 남자의 복잡한 내면 연기와 새로운 인생의 국면을 맞이하며 하나씩 무너지는 안정된 일상의 삶들 속에서 가지게 되는 주인공의 미묘한 내적인 감정선을 중심으로 전개된다. 이 영화를 보는 관객들 중에는 고령의 놀란이 가진 용기에 박수를 보내는 이들도 있을 것이며, 반면 평생을 지켜 왔던 평온한 일상을 내적 감정에 충실하기 위해 여지없이 무너뜨리는 놀란의 무모함에 안타까워하는 이들도 있을 것이다. 또 어떤 이들은 수많은 사회인들 중에는 놀란과 같은 이들도 있을 수 있구나 하는 생각을 가지게 될 것이다.

철학자 푸코는 마치 영화 속의 놀란처럼 예외적인 사람이었다. 그는 자신의 동성애적 성향을 청년 시절에 이미 알고 있었고, 그로 인해 사회적 편견 속에서 갈등을 가지고 산 불행한 사람이었다. 하지만 그는 사회적 편견과 자신의 내적인 갈등을 극복하였고, 나아가 자신의 독특한 삶을 정치적이고 철학적인 삶으로 승화시켰다. 그는 사회적 소수자들을 위해 살았고 또 사회적 약자들에 대해 적대적인 사회적 시스템을 비판하였다. 그리하여 그는 '구조주의'라는 사상을 정립하면서 포스터모더니즘의 중심 사상가가 되었다. 그는 개인의 자아와 정체성을 억압하는 현대의 사회적 시스템 전반을 비판하면서 사회비판철학의 모범을 보여 주었고, 타락하지 않은 순수한 좌파 사상가의 원형을 보여 주었다. 이렇듯 예외적이었던 한 철학자의 삶과 정신 그리고 그 용기에 대해서 알아보도록 하자.

○ 순수한 좌파 사상가, 진솔한 철학자

미셸 푸코는 어쩌면 현대 철학자들 중에서도 가장 현대적인 이미지를 가진 사람이라 할 수 있다. 여기서 '현대적'이라는 의미는 포스트모던의 특징인 '전통으로부터의 분리'와 '사회적 삶에 대한 실천적인 연대'를 의미한다. 그는 다만 학자였을 뿐만 아니라 동시대의 정치적인 운동에 적극 가담하였던 정치 운동가이기도 하였다.

'정치적 행동주의'를 주장하였던 그는 이민노동자를 위한 최초의 지원 운동에 참여하였고, 수용소의 환경 개선을 위한 '감옥에 관한 정보그룹(GIP)'과 '죄수 행동위원회(CAP)'를 설립하기도 하였다. 비록 적극적으로 참여하지는 않았지만 1950년에 이미 '프랑스 공산당(PCF)'의 당원으로 가입하기도 하였다. 또한, 프랑스 형법의 개혁에 관해 논의를 주도하였고, 데리다Jacques Derrida, 알튀세르Louis Althusser와 함께 청소년을 범죄자로 내모는 '일부 법률 조항의 폐지'를 요구하는 탄원서에 서명하기도 하였다.

소르본대학에서 철학과 심리학을 동시에 전공하였던 푸코는 1948년에는 철학 학사를, 그리고 1949년에는 심리학 학사를 취득하였다. 1950~1952년까지 그는 프렌Fresnes 교도소의 실험 심리학 분야에서 일하였는데, 이는 1952년 병리 심리학psychologie pathologique DEA 학위를 취득하는 데 도움을 주었다. 1961년에 철학박사 학위를 받기 전까지 그는 생트안Sainte-Anne병원에서 수련생 심리학자로, 스위스의 뮌스터링

겐Münsterlingen에 있는 병원에서 정신과의 인턴십을 수행하면서 '현상 정신의학la psychiatrie phénoménologique'이라는 개념을 정초하기도 하였다. 푸코는 철학자이지만 동시에 정신과 의사였으며, 나아가 사회적 약자들을 위한 사회운동가이기도 하였다. 이 같은 삶의 행로는 그로 하여금 의학과 정신의학 그리고 구금 시설, 사회적 양성에 대한 비판, 성의 역사, 권력에 관한 일반적 이론, 권력과 지식의 복잡한 관계에 대한 사유를 가능하게 하였다.

사회·정치적 현실의 삶에 매우 밀착된 그의 전문적인 지식과 경험들 그리고 이를 바탕으로 하여 약자들을 위한 사회구조적인 변화를 모색하였던 그의 실천적인 삶의 태도는 일반 철학자들이 생각할 수 없는 저술들을 가능하게 하였다. 예를 들면 매우 전문적인 지식을 동반한 『형벌의 이론과 제도Théories et institutions pénales』, 『처벌적인 사회La Société punitive』, 『정신의학적 권력Le Pouvoir psychiatrique』, 『살아있는 자들의 정부에 관하여Du Gouvernement des vivants』, 『비정상인들Les Anormaux』과 같은 제목의 책들은 일반 철학자들이 생각하기 어려운 저작들이다.

2009년에 『타임스 고등교육 가이드*Times Higher Education Guide*』는 푸코를 세계에서 가장 많이 인용된 인문학 작가로 묘사한 적이 있는데, 이것은 의료, 사회, 정치, 인권 등의 현실적 삶과 사회적 이슈들에 매우 밀착되어 있는 그의 저작들의 특징 때문일 것이다. 또한, 아마도 오늘날 통속적으로 빈번히 말해지고 있는 '좌파 사상가'라는 말에 잘 어울리는 인물 중 한 사람이 푸코일 것이다.

물론 이 같은 푸코의 화려한 인생 경력은 그만큼 개인적인 삶의 비극적인 고뇌를 동반한 것이었다. 그는 두 번씩이나 자살을 시도한 적이 있었고, 동성애자였으며, 프랑스에서 에이즈로 사망한 첫 인물로 알려져 있다. 이러한 그의 개인적인 불행들이 사람들로 하여금 그에 대한 편견을 가지게 한 것도 사실이다. 제임스 밀러James Miller가 쓴 푸코의 전기에는 푸코가 '좌익 극단주의자', '성적 변태자', '자살자' 등으로 묘사되어 있는데, 이에 대해서 데이비드 할페린David Halperin은 '진실이 왜곡되었다'고 비판하였다.

만일 우리가 푸코를 '좌파 사상가'라고 부를 수 있다면 그 이유는 그의 사유가 '진보주의자의 사유'를 공유하고 있으며,

그의 삶이 동시대의 잘못된 사회구조를 비판하고 '사회적 소수자'를 위한 노력으로 일관되었다는 점에 있을 것이다. 그런 면에서 푸코를 '좌파 사상가'라고 부르는 것은 정당할 것이다.

하지만 그럼에도 우리는 그를 '좌파 철학자'라고 부를 수는 없을 것이다. 왜냐하면 철학자란 다만 어떤 특정 분야에 사상을 가진 사람이 아니라, 그의 사상과 더불어 그의 세계관과 인생관, 나아가 그의 삶의 태도를 포함하는 일체의 인격을 포함하는 한 개별자를 지칭하는 용어이기 때문이다. 부처나 예수 혹은 미켈란젤로나 슈베르트를 좌파니 우파니 하는 용어로 부를 수 없듯이 한 사람의 철학자에 대해서 좌파니 우파니 하는 용어를 덧붙일 수는 없는 일이다.

따라서 우리는 푸코를 정치적으로 좌파 성향을 가진 사상가라고 부를 수는 있겠지만, 한 사람의 철학자로서의 그를 '좌파 철학자'라는 말로 부를 수는 없을 것이다. 만일 그렇게 부른다면 그것은 '실체화의 오류'를 범하는 것이 될 것이다.

푸코가 그의 명성을 얻게 된 『말과 사물*Les mots et les choses*』을 출간하였을 때, 철학자 사르트르는 그를 "부르주아 계급의 마지막 성벽le dernier rempart de la bourgeoisie"이라는 말로 비판한 적이 있다. 이 같은 예는 한 철학자를 어떤 사상의 틀에 고정한다는 것이 실로 어렵다는 것을 반증해 주고 있다.

자신이 가진 앎과 자신의 삶이 일치해야만 비로소 철학자, 즉 '지혜sophia를 사랑하는 사람philos'이라고 생각한 소크라테스처럼, 그리고 '철학자란 자신의 사상에 목숨이라도 걸 수 있는 사람'이라고 말한 키르케고르처럼 우리는 푸코를 진정한 의미의 사회철학자 혹은 최소한 자신의 진실에 거의 절대적으로 충실하였던 한 명의 철학자로 이해해야 할 것이다. 아마도 푸코의 정신을 접하는 사람들에게 가장 유익한 것 중 하나가 있다면 그것은 변질되거나 타락하기 이전의 '원초적인 좌파 사상가'의 모습을 그에게서 발견할 수 있다는 점일 것이다.

⭘ 평범하지 않은, 진지하고 집요한 '야생 소년'

푸코가 당대의 주류 사조나 문화를 매우 비판적인 관점에서 고찰하고 비판하였던 것은 그의 개인적인 인생의 행로와 무관하지 않다. 푸코는 1926년 10월 15일에 프랑스의 지방 도시인 '푸아티에Poitiers'에서 태어났다. 그의 아버지 폴 푸코Paul Foucault는 외과 의사이자 해부학 교수였고, 그의 어머니 안 말라페르Anne Malapert는 농장을 소유한 재력가였다. 가부장적인 권위주의자였던 아버지 폴은 푸코가 자신의 뒤를 이어 의사가 되기를 바랐고, 자신이 의학 공부를 해야 한다는 생각은 푸코를 공포에 몰아넣었다.

청소년 시절 아버지에 대한 푸코의 기억은 매우 힘겨운 것들이었다. 푸코의 전기를 쓴 디디에 에리봉Didier Eribon은 푸코가 후일 '폴'이라는 성을 버린 것이 아버지에 대한 증오 때문이라고 전해 주고 있다. 고향이었던 푸아티에에 대한 푸코의 기억 역시 그리 아름답지는 않았다. 그가 파리의 헨리 4세 Henri-IV 고등학교에 입학할 당시 그는 '질식할 것 같은' 도시를 드디어 떠나게 되었다고 표현하였다.

파리의 고등학교에서 동료 학생들이 본 푸코의 이미지는 평범하지 않았다. 그들은 푸코에 대한 이미지를 '촌스러운 지방 소년', '야생의 소년', '수수께끼 같은 사람', '자신 안에 파묻힌 아이' 등으로 묘사하였다. 하지만 푸코는 누구보다 열심히 자신의 일에 몰두하였고, 그의 스승이었던 장 이폴리트 Jean Hyppolite는 푸코를 '마치 미친 사람처럼 엄청나게 공부하는 학생'이라고 평가하였다. 후일 푸코는 그의 스승 장 이폴리트에 대해 '헤겔에 대한 탁월한 지식을 가졌고, 번뜩이는 지성을 가진 천재적인 사람'의 이미지를 떠올리며 "그에게 모든 것을 빚졌다"라고 말하기도 하였다. 장 이폴리트를 이은 다른 교사는 푸코에 대해 "푸코는 그의 스승이 평가한 것보다 훨씬 나은 학생입니다. 푸코는 자신의 신비주의적인 경향에서 벗어나야 할 것입니다. 푸코는 엄밀한 정신을 가진 학생입니다"라고 평가하였다.

대다수의 인문학적 기질을 가진 학생들이 그러하듯 푸코 역시 수학에서는 거의 재능을 발휘하지 못하였다. 대신 그는 발자크Balzac, 스탕달Stendhal, 앙드레 지드André Gide 등의 작품들에 심취하였고 무엇보다 철학에 많은 열정을 가지고 있었다. 입학 당시 22등을 하였던 그는 졸업 당시에는 상위권에 있었고, 역사 과목에서는 1등을 차지하였다.

1946년 푸코는 프랑스의 천재학교라고 불리는 파리의 '에콜 노르말 쉬페리외르École normale supérieure'에 4등으로 입학하였다. 하지만 대학교에서의 삶은 평탄하지가 않았다. 그에게 천재학교에서의 삶은 참기 힘든 것이었다. 그는 고독하고 야생적이었으며, 다른 학생들과의 관계가 매우 복잡하였고 종종 그들과 상충하였다. 미셸 푸코의 전기를 쓴 디디에 에리봉은 당시의 분위기를 다음과 같이 요약해 주고 있다.

> 때때로 푸코에게 당시의 삶은 참을 수 없는 것이었다. 그는 모든 사람들과 논쟁을 벌이고, 자신에게 화가 나 있었고, 모든 방향으로 엄청난 공격성을 보여 주었으며, 비실제적인 열망과 영광을 추구하였다. 푸코는 자신이 지니고 있는 천재성을 보여 주고 싶어 하였다. 그래서 그는 아주 빨리 모든 이들로부터 미움을 받았을 정도였다. 그는 자신의 삶에서 반쯤은 화가 나 있었다.
>
> — MF(*Michel Foucault, 전기*), p. 49

평범하지 않은 성격과 남다른 개성을 가진 청년 푸코는 그의 사상이 말해 주듯이, 동시대의 인정을 받지 못해 '광인'

디디에 에리봉은 누구?

디디에 에리봉은 푸코와 유사한 학문적 커리어를 가진 프랑
스의 사회학자이자 철학자랍니다. 그는 1953년에 태어났으
며 프랑스의 아미앵Amiens대학에서 교편을 잡았고, 이후 미
국의 예일Yale대학과 버클리Berkeley대학, 영국의 케임브리지
Cambridge대학, 스페인의 발렌시아Valencia대학 등에서 연구와
학문 활동을 하였지요.

그는 20여 권의 저서를 출간하였는데 그 첫 번째 저서가 푸코
가 사망한 지 5년 만인 1989년에 출간한 『미셸 푸코』라는 푸
코의 전기였습니다. 그리고 5년이 지난 1994년에는 다시 『푸코
와 그의 동료들』이라는 책을 출간하였지요. 그는 푸코의 생전
에도 자주 푸코의 삶과 학문적 업적 등에 대한 전문가적인 견
해를 말하곤 하였습니다. 아마도 푸코의 생애와 학문적 업적에
가장 많은 관심을 가진 학자라고 할 수 있을 거예요. 에리봉은
자신의 선배 학자인 푸코의 업적들에 존경을 가지고 있었지만,
푸코는 자신을 캐릭터화하고 우상화하는 전기적인 글들에 대
해서 매우 불편하였다고 해요. 그 이유는 이 같은 전기적인

작업들이 진실을 왜곡하고 있다고 보았기 때문이지요.

으로 비춰진 '천재', 즉 그 속에 천재성을 품고 있었기에 오히려 '광인'처럼 보인 그러한 사람이었다.

○ 우울하고 치열했던 우수의 청년 푸코

대학 시절의 푸코는 그야말로 자신의 인생에서 가장 어둡고 치열한 삶을 살았다고 할 수 있다. 그는 심한 우울증을 가지고 있었고, 또 자살 강박증에 시달리고 있었다. 반면에 그는 미친 듯이 그 누구보다도 열심히 철학 공부에 몰두하였다.

어느 날 교사 중 한 명이 면도칼에 가슴이 그어진 채 방 안에 누워 있는 푸코를 발견하기도 하였고, 또 어떤 날은 단검을 들고 한 학생을 뒤쫓고 있는 그를 발견하기도 하였다. 자살 소동이 있은 뒤 푸코는 생트안 병원에 입원하였는데, 의사는 그가 자살을 시도한 이유를 '동성애'를 극도로 나쁘게 경험한 것에서 비롯되었다고 말하였다. 이는 사실이었다. 한 친구가 급히 어디론가 가고 있는 푸코에게 '어딜 그렇게 급히 가느냐'고 물었을 때 푸코는 "백화점BHV에 간다. 나를 묶을 밧줄을 사기 위해서…"(MF, p. 50)라고 말했을 정도였다. 푸코는 '게이 바'에서 돌아온 이후에 그 사실이 부끄러워 몇 시간 동안 방에 엎드려 있던 적도 있다고 한다. 이후 푸코가 『고전 시대의 광기의 역사*Histoire de la folie à l'âge classique*』를 출간하였을 때, 그의 교우 중 한 명은 다음과 같이 말했다고 한다. "그를 아는 사람이라면 누구나 이 책이 그의 개인적인 이야기와 연관되어 있음을 알고 있습니다"(MF, p. 50). 디디에 에리봉의 『전기』는 푸코 스스로 다음과 같이 고백하였다고 말해 주고 있다.

> 우리 스스로 자신이 동성애자라는 것을 발견하였을 때, 이는 심각한 문제가 된다. 이 문제는 매우 빨리 정신과적 위협으로 바뀌었다.

만일 내가 다른 사람들과 같지 않으면 나는 비정상이기 때문이다. 만일 내가 비정상이라면 나는 환자이기 때문이다.

— *MF*, p. 53

이와 동시에 그의 학문적인 열정은 대단하였다. 푸코는 대학 4년 차에 철학 교수 자격시험을 준비하기로 결심하고, 베르그송의 수업을 듣고는 그의 강의 노트를 빌려 읽었다. 플라톤과 칸트 그리고 헤겔, 바슐라르Bachelard, 마르크스Marx, 나아가 프로이트Freud도 읽었다. 하이데거를 통해서 니체를 발견하기도 하였고, 문학에서는 카프카, 포크너Faulkner 그리고 장 주네Jean Genet를 읽었다. 그는 자신이 읽은 모든 것을 정리하여 차곡차곡 상자에 넣어 두었다고 한다.

이뿐만 아니라 푸코는 심리학의 기초에 관한 폴리처Politzer의 비판을 매우 신중하게 읽었다. 그는 '병리 심리학' 석사 학위를 취득한 후 바로 루트비히 빈스방거Ludwig Binswanger의 심리학 저서인 『꿈과 실존*Le Rêve et l'existence*』을 번역 출간하였다. 이러한 사실들은 그의 대학에서의 공부가 매우 진지하고 치열하였다는 것을 말해 주고 있다. 아마도 푸코는 자신의 예외적인 삶에 대한 주변의 달갑지 않은 시선들을 피하기 위해 더욱 학문적 활동에 몰두하였을 것이다.

세계적인 석학이라고 인정되고 있는 만큼 푸코에 관한 저서나 역서들은 국내에서도 매우 많이 볼 수 있다. 하지만 그에 관련된 책들이 매우 많은 데 비해 그의 생애를 소개하고 있는 책은 거의 찾아볼 수가 없다. 그 이유는 무엇일까? 아마도 그것은 푸코의 학자로서의 명성에 비해 그의 인생이 —평범한 일반인의 시각에서는— 매우 예외적이고 불편한 것처럼 보이기 때문일 것이다. 하지만 푸코는, 한때 젊은 시절을 제외하면, 현실적인 삶에서도 학문적 사상에서도 이 같은 예외적이고 일반적이지 않은 자신의 삶을 숨기거나 부끄러워하지 않았다. 오히려 그는 '남과 다름'은 결코 부끄러운 것이거나 비-정상적인 것이 아니라고 당당하게 말하였고, 다름과 차이를 인정하고 수용하여야 한다는 '톨레랑스'를 강조하였다. 공인으로서 어쩌면 치명적인 치부일 수도 있었던 자신의 남다른 점을 숨기지 않고 당당하게 드러내고 인정받고자 했던 푸코는 매우 진솔하고 용감했던 철학자라고 말할 수 있다.

잠깐! 여기서 저자와 텍스트의 관계에 대해 생각해 봅시다. 한 저자의 텍스트는 그의 개별적인 삶과 어떤 관계가 있는 것일까요? 일반적으로 사람들은 이에 대해 크게 세 가지의 주장을 하고 있습니다. 첫째는 한 저자의 텍스트는 그의 개별적인 인생과 매우 밀접한 관계를 가졌다는 주장이며, 둘째는 텍스트는 텍스트 그 자체의 내용만을 고려하여야 하며 저자의 개별적인 인생과 연관시켜서는 안 된다는 주장이지요. 그리고 세 번째는 오히려 저자의 인생이 텍스트를 통해서 재해석되어야 한다는 주장입니다. 우리는 이 같은 주장들에 대해서 어느 하나를 이상적인 방법으로 선택하여야 한다고 생각할 필요는 없을 것 같습니다. 다만 이 모든 주장들이 모두 나름의 이유가 있으며, 이것을 상황에 따라 적절하게 적용할 필요가 있다고 보아야 할 것입니다. 물론 이는 푸코의 경우에도 마찬가지겠지요. 참고로 푸코를 사회학자로 보지 않고 철학자로 보는 근거는 비록 그가 과거의 구체적인 지식의 체계들을 고고학자가 화석을 탐구하듯이 탐구하고 있기는 하지만, 시간과 문화적 특수성을 넘어서는 개념들을 자신의 저작들에서 형성하고 있다는 점에서입니다. 그리고 이렇게 형성된 개념들이 푸코의 개인적인 삶의 체험과 밀접한 연관성을 가진다는 사실은 누구도 부정할 수 없을 것 같아요.

⊙ 포스트모더니즘의 근본이념과 '구조주의'의 창시

푸코는 1954년 루이 알튀세르가 의뢰한 작품인 『정신질환과 개성*Mental Illness and Personality*』을 출간한 이후 프랑스에서의 교직을 그만두고 해외에서 오랜 유랑의 시기를 가진다. 1955년에 그는 스웨덴의 웁살라대학에서 문화 고문으로 지명되어 활동하였고, 1958년에는 폴란드의 바르샤바Warszawa에서 「프랑스 문명 센터」의 개설을 담당하였다. 1959년에는 서독 함부르크의 「프랑스 연구소」의 소장직을 맡았다.

1960년에는 그동안 준비하였던 철학박사 학위를 위한 논문을 제출하기 위해 잠시 프랑스로 귀국하였는데, 이때 그의 학문적 동료였던 미셸 세르Michel Serres와 인생의 동반자였던 다니엘 드페르Daniel Defert를 만나게 된다.* 1961년 푸코는 클레르몽페랑Clermont-Ferrand대학에서 '철학박사 학위'를 획득한다. 박사 학위 논문의 핵심 주제는 정신질환과

• 마지막까지 푸코의 동반자였던 다니엘 드페르는 푸코가 에이즈로 사망한 뒤, 프랑스에서 최초로 에이즈 환자들을 돕기 위한 기금을 설립하였답니다.

•• 이 책의 원제목은 『고전 시대의 광기의 역사(*Histoire de la folie à l'âge classique*)』였지만, 출판사의 제안으로 1972년 두 번째 출판부터 『광기의 역사』로 바뀌었답니다.

관련된 첫 저작인 『광기의 역사*Histoire de la folie*』**로 출판되었다. 제목이 말해주듯이 이 책은 '광기의 이념'이 역사를 통해 어떻게 발전하여 왔는지를 탐구하는 것이었다. 이 책에서 그는 자신의 포스트모더니즘적인 관점을 확실하게 드러내 주고 있다.

포스트모더니즘의 정신과 관련된 진술들

- 프로타고라스: 인간은 만물의 척도이다.
- 딜타이: 이해한다는 것은 곧 해석한다는 것이다.
- 칸트: 물자체는 알 수 없다.
- 니체: 신은 죽었다.
- 레비나스: 존재는 중립성이다.
- 푸코: 당대의 더 많은 사람의 지지를 받는 구조(패러다임)가 진리가 된다.

푸코는 『광기의 역사』에서 과거 역사에서 인간이 정립한 위대한 사상들, 세계관들 그리고 가치의 체계들을 모두 '광기'로 생각하고 있다. 여기서 '광기'란 부정적인 의미와 긍정

'포스트모더니즘'이란?

포스트모더니즘post-modernism이란 '현대사상'이라고 불러도 무방할 것이며, '후기-현대사상' 혹은 '현대 이후 사상'이라고 불러도 될 것입니다. 왜냐하면 'modernism'이 '근대사상' 혹은 '현대사상'으로 모두 번역되며, 'post'가 '~의 앞', '최전방' 혹은 '~이후'라는 뜻을 가지고 있기 때문이지요. 즉 역사가 앞으로 진행하는 것이라고 한다면, 포스트모더니즘이란 '현대사상에 앞서서 나아가는 사상'을 말하는 것이랍니다. 따라서 포스트모더니즘은 지금 현재의 인류 사회에서 가장 큰 영향을 미치고 있는 주류 사조라고 볼 수 있습니다. 철학자들 중 포스트모더니즘에 속하는 대표적인 인물들에는 '푸코', '데리다', '라캉', '벤야민', '아도르노', 그리고 이외 일군의 비판철학자들이 있어요.

그렇다면 포스트모더니즘의 핵심은 무엇일까요? ① 철학사적 관점에서 보자면 포스트모더니즘은 전통적 사유의 파괴를 의미하는 '해체주의' 그리고 ② 형이상학적 사고를 부정하는 '실증적 사유', 나아가 ③ 정치철학적 관점에서는 다분히 유물론적 성향을 가진 '진보적 사유' 혹은 '좌파적 사고'가 그 특징을 이룬다고 할 수 있어요. 이러한 특징을 바탕으로 세계와 인간을 고찰하는 포스트모더니즘의 근본적인 관점은 세계를 '카오스' 즉 '혼돈'으로 보거나 '인간은 결코 세계의 진면모를 알 수 없다'고 하는 것입니다. 따라서 과거의 사상이나 문명이 이룩한 모든 세계관이나 가치체계를 '진리'로 고려하기보다는 기득권을 가진 이들의 이익을 대변하는 일종의 '도그마' 혹은 '패러다임'으로 보는 것이지요. 그래서 포스트모더니즘의 사상가들의 사유에는 '비판적인 특성'이 매우 강하게 부각됩니다. 푸코의 경우는 『광기의 역사』에서 과거의 문명사를 일종의 광기의 출현이라는 차원으로 고찰하고 있어요.

적인 의미로서 이중의 의미를 가지고 있다. 먼저 광기를 긍정적인 측면에서 바라보자면 역사에서 광인(미친 사람)으로 취급된 이들은 모두 일종의 천재들이었다는 점이다. 광인이란 곧 남들과 다른 사람, 당대의 정상적인 사유로는 도저히 이해할 수 없는 사람을 말하며, 그렇기 때문에 이들은 오히려 창조적인 사람, 새로운 역사의 장을 연 선구자들이었다.

모든 광인이 다 천재적인 것은 아니겠지만, 모든 천재들은 한때는 광인으로 취급당했다는 것이 푸코의 생각이다. 광인이 천재로 인정받게 되는 것은 그들의 '이해 불가능한 사유'가 대중에 의해 '이해 가능한 보편적인 사유'로 수용되는 때부터이다. 따라서 푸코가 말하는 광인은 무엇보다 대중에게 핍박받는 '선구자'의 이미지로 나타난다.

그토록 접근하기 어렵고 그토록 무서운 이 지식, 광인은 이 것을 그 순진한 어리석음 속에서 보유하고 있다.
— 『광기의 역사』, p. 73

광인은 그에게 속할 수 없는 두 지역 사이라는 그 불모의 영역에서만 자신의 진실과 고향을 찾을 뿐이다.
— 『광기의 역사』, p. 57

그렇기 때문에 광기의 본질은 당대의 이성을 넘어서는 신성한 그 무엇이다. 또한, 역사에서 나타나는 위대한 사상들,

세계를 변모시킨 이론이나 기술은 모두 '인정받은 광기'라고 볼 수 있다. 이 같은 푸코의 사유는 전형적인 포스트모더니즘의 관점이다. 세계나 인간에 관하여, 한 시대의 일반적이고 모범적인 사유 혹은 정상적이고 보편적인 사유란 그 사유를 긍정하지 않았던 이전 시대에 비추어 볼 때 '광기'인 것이다. 그리고 과거나 현재에 인정받지 못한, 그러나 미래 언젠가 인정받게 될 사상들을 모두 광기로 본다는 것은 사실상 모든 시대의 사유가 '광기'라는 것과 같은 것이다. 어떤 사상도, 어떤 가치관이나 세계관도 이를 인정하지 않았던 그 이전의 사회에서는 광기에 지나지 않았기 때문이며, 오늘날의 보편적인 사유들도 미래의 다른 세대가 볼 때는 여전히 광기에 불과한 것이기 때문이다.

이렇게 사상이나 문명의 역사가 광기의 연속이라는 것은 인간 정신의 세계 이해에 있어서 '역사적 연속성이나 지속성'을 긍정하지 않는 것을 말한다. 그리고 역사가 당대의 진리를 부단히 부정하면서 새로운 진리를 세우는 혁명의 형식으로 이루어진다고 보는 관점인 것이다.

이 같은 생각은 중요한 두 가지 관점을 함의하고 있다. 첫 사람들의 얄팍한 지혜에 비하면 신의 이성은 광기의 본질적인 움직임 안에 놓여 있다. 큰 차원에서는 모든 것이 광기일 따름이고, 작은 차원에서는 전체가 그대로 광기이다.

― 『광기의 역사』, p. 92

째는 전全 시대를 관통하는 지속적이고 불변하는 '진리'를 긍정하지 않는다는 것이다. 왜냐하면 어떤 시대의 진리도 그 진리를 부정하는 다음 시대에서 보자면 그것은 한낱 광기에 지나지 않는 것이기 때문이다. 이는 곧 전통에 대한 부정인 진보적 혹은 좌파적 사유를 의미한다. 푸코에게 있어서 역사의 발전이란 지속적이고 점진적인 상승운동이 아니라, 돌발적이고 혁명적인 광기를 통한 과거와의 단절을 의미하는 것이다. 그렇기 때문에 역사 발전이란 엄밀한 의미에서 진보라고 보기도 어렵겠지만 어쨌든 푸코에게 있어서 역사 발전의 원동력은 광기이다. 푸코가 광기를 이성에 대립(모순)하는 것으로 보았기 때문에 푸코의 광기는 루소의 '자연인의 감성' 개념이나 쇼펜하우어의 '생에 대한 맹목적 의지' 개념과 유사한 것이라 할 수 있다.

광기가 이성을 정당화했던 모든 것에 대해 가장 직접적인 모순을 형성했으므로 가장 많은 것이고, 이성이 광기를 무장해제시켰고, 무력하게 만들었으므로 가장 적은 것이다.

— 『광기의 역사』, p. 306

루소는 "생각하는 동물은 이미 타락한 동물이다"라고 말한 바 있는데, 이와 유사하게 우리는 푸코의 광기에 대한 사유를 "이성은 생의 억압이나, 광기는 생의 표출이다"라고 말할 수 있을 것이다. 이처럼 『광기의 역사』가 포스트모더니즘의 정신을 분명하게 표출하고 있는 책이라고 한다면, 푸코라는 이름을 세상에 널리 알리게 된 책은 『말과 사물』이었

• 『말과 사물』은 참으로 큰 성공을 거두었답니다. 프랑스의 유력 일간지인 『르 몽드(Le Monde)』의 2008년 7월 30일자 기사에는 푸코의 이 책이 첫해에만 2만 부가 팔렸고, 20년 동안 무려 11만 부가 팔렸으며, 1990년 이후에도 매년 5천 부씩 판매되고 있다고 보도하였답니다. 아마도 학술서적으로, 그것도 인문학 도서가 이렇게 많은 독자들의 관심을 끈 책은 거의 없을 것입니다.

다.* 이 책을 통해서 그는 '구조주의 structuralisme'라는 개념을 세상에 알렸고, 자신은 '구조주의자structuraliste'로 불리게 되었다.

1966년 푸코는 질 들뢰즈Gilles Deleuze와 함께 갈리마르Gallimard 출판사에서 니체 전집을 프랑스어로 출판하는 일을 수행하게 되었는데, 당해의 마지막에 『말과 사물』을 출간하였다. 당연히 니체의 사유는 푸코의 사유에 매우 큰 영향을 미치게 된다. 푸코는 "신은 죽었다"라는 니체의 말에 매우 큰 영감을 얻어, 『말과 사물』에서 "인간은 죽었다"라는 모토를 내세우고 있다. 즉 니체가 과거의 절대적인 혹은 보편적인 기준이나 척도가 되었던 '모든 절대적인 권위'가 무너졌다고 선언하였다면, 푸코는 인간에 관한 과거의 모든 사유들이 그 권위를 상실하였다고 선포한 것이다.

그렇다면 인간이 마치 해변의 모래사장에 그려진 얼굴이

파도에 씻겨 나가듯 마침내 소거되리라고 단언할 수 있을 것이다.

— MC(*Les mots et les choses*, *말과 사물*), p. 440

　　　하나의 '낱말'이 의미를 가지기 위해서는 그것이 문장이나 문맥 속에 있어야 한다. 문장이나 문맥과 무관하게 절대적인 의미를 가지는 단어란 있을 수가 없다. 시대가 변하였다는 것은 인간이 사용하는 언어나 개념들의 문맥이나 환경이 바뀌었다는 것을 의미한다. 그렇기 때문에 푸코에게 있어서 강하게 말해 '불변하는 진리'라는 개념은 있을 수가 없다.

　'인간이란 무엇인가?'라는 질문에는 정답이랄 만한 것이 있을 수가 없으며, 다만 그 시대의 문장과 문맥의 구조, 즉 사회적 구조 속에서 잠정적으로만 답변이 주어질 수 있을 뿐이다. 그러니 진리라는 말을 '구조'라는 말로 대신하여야 한다. 즉, 한 시대에서 언어의 정의나 의미는 그 시대의 사회적 구조가 산출하는 것이며, 가장 많은 사람들의 동의를 얻는 구조가 곧 그 시대의 진리가 되는 것이다. 그렇기 때문에 푸코의 관점에서는 어떤 의미로는 '구조(패러다임)가 전부'인 것이다. 바로 이것이 '구조주의'가 의미하는 것이다.

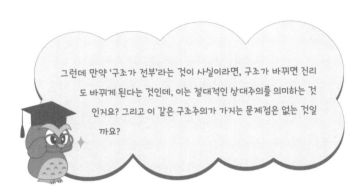

그런데 만약 '구조가 전부'라는 것이 사실이라면, 구조가 바뀌면 진리도 바뀌게 된다는 것인데, 이는 절대적인 상대주의를 의미하는 것인지요? 그리고 이 같은 구조주의가 가지는 문제점은 없는 것일까요?

여기서 구조주의의 핵심에 대해 간략히 짚어 보는 것이 도움이 될 것이다. 우선 구조주의는 불변하는 진리를 긍정하지 않거나, 긍정한다 해도 인간이 알 수가 없다는 전제에서 성립하는 사상이다. 따라서 관점에 따라 '구조주의'를 상대주의라고 부를 수는 있겠지만 '절대적인 상대주의'라고 말하기는 어렵다. 왜냐하면 절대적인 상대주의(가령 희랍의 궤변론자의 관점)란 모든 것이 한 개인의 관점에 따라 달라진다는 것으로, 이때의 정당화란 곧 화술을 통한 설득의 여부에 달려 있기 때문이다.

반면 푸코의 구조주의의 진리관은 모든 것은 변화할 수 있고 관점에 따라 달라질 수 있겠지만, 어떤 것이 '진정한 지식'이나 '올바른 앎' 혹은 '정당한 행위'로 인정받기 위해서는 '대중의 동의' 즉 당 시대의 일반적이고 보편적인 사유에 의해 수용되어야 한다는 전제가 깔려 있다. 따라서 구조주의는 보다 일반적인 용어로 말하자면 '일반성'을 추구하는 학문적 자세라고 할 수 있을 것이다. 따라서 구조주의는 시대와 장소를 초월하여 인정되는 형이상학이나 종교 등은 인정하지 않을 것이며, 또한 세계관을 가진다는 것에 대해서도 부정적일 것이다. 왜냐하면 구조란 어떤 대상에 대한 '사유의 틀' 혹은 '이론적 체계'라고도 할 수 있는데, 이는 시간적으로는 동시대에 국한된 것이며 범주적으로는 지엽적인 것에 적용되는 것이기 때문이다. 즉 구조주의는 세계나 역사를 전체적으로 고찰하는 것은 불가능하다고 생각하는 것이다.

따라서 우리는 이 같은 구조주의적 사유의 긍정적인 측면과 부정적인 측면을 생각해 볼 수 있을 것입니다. 우선 긍정적인 점을 생각해 보자면 구조주의가 기득권을 가지고 대중을 억압하는 일체의 권위주의의 폭압으로부터 벗어나고자 하는 '해방'의 의미를 가지고 있다는 점일 것입니다. 사유의 틀이나 지식의 체계가 바뀌면 진리도 바뀐다고 생각하는 전제에서는, '진리'를 빌미로 자신들의 권위나 이익을 추구하는 이들의 지배에서 벗어날 수가 있을 것이기 때문이지요. 반면 '구조가 전부'라는 생각은 만인이 존중하고 수긍하여야만 하는 보편적인 진리에 대해 부정한다는 측면에서 현실의 삶을 매우 '힘들게 하는 사상'이라고 할 수도 있을 것입니다. 왜냐하면 인간성의 차원에서 긍정되는 보편적인 진리를 부정하게 되면, 결국 인생은 '패러다임'의 경쟁이 될 것이며, 자신의 생존과 이익을 위해서 모든 이들은 '우리라는 사유의 틀'을 가지고 다른 사람들과 투쟁할 수밖에 없을 것이기 때문이지요. 결국 모든 사상이 다 그러하듯 구조주의 역시 그 자체를 좋고 나쁜 것이라고 평할 수는 없겠지요. 다만 이를 어떤 상황에 어떻게 활용하는가 하는 것이 문제라고 하겠습니다.

아웃사이드 휴머니스트의 주체에 대한 고뇌

E. L. 닥터로의 『Wakefield』를 원작으로 한 로빈 스위코드 감독의 영화 「웨이크필드Wakefield」는 한 평범한 사회인이 스스로를 가정과 사회로부터 고립시켜 자아를 찾아간다는 내용의 작품이다. 직장과 가정에서 잘 나가던 변호사 '하워드 웨이크필드'는 자신의 집으로 들어온 너구리를 쫓아내려다가 집 근처 다락방에서 하룻밤을 지내게 된다. 무슨 생각인지 그는 그곳에서 자신을 '실종자'로 자처하며 가족들에게 숨은 채 지내게 된다. 모든 일상에서 떨어져 먹는 것도 입는 것도 씻는 것도 제대로 하지 못한 채, 그렇게 힘겹게 살아간다. 쓰레기통을 뒤져 음식물을 마련하고 추위에 떨면서도 그는 가정으로 돌아가지 않고 아내와 딸들을 지켜보면서 관찰자가 된다. 자신이 실종되었지만 가정과 회사는 별 탈 없이 잘 돌아가는 모습을 보면서 쓸쓸함을 느끼기도 하

고, 또한 그때까지 자신의 모습을 관찰자가 되어 바라보면서 해방감을 느끼기도 한다. 지루함을 느낄 정도로 단순한 내용을 가진 영화이지만, 역설적으로 지루한 일상으로부터의 탈피라는 해방감과 사회로부터 고립되어 진정한 자신, 자신의 본연의 모습으로 돌아간다는 설정은 관객을 사로잡기에 충분하다. 작품은 어쩌면 한 번쯤은 꿈꿔 왔을 주인공의 입장에 공감하게 하고, 우리를 되돌아보게 하는 효과를 가지고 있기 때문이다. 아쉽게도 영화는 결말이 없이 열려 있다.

사람에 따라 다를 수 있겠지만, 대다수가 느끼는 영화의 메시지는 우리가 시스템에 너무나 잘 적응되어 있어서 잠시만이 시스템을 벗어나면 모든 것을 상실할 수 있는 무서운 위험에 노출되어 살아가고 있다는 사실이다. 그래서 (사회가 한 개인을 고립시키는 것이 아니라) 한 개인이 스스로 사회로부터 고립하고자 한 것이다. 이 고립으로부터 비로소 새로운 많은 감정들을 회복하고 진실을 직시하게 되는 새로운 사람으로 다시 태어난다는 것이다.

영화에서와 마찬가지로 철학자 푸코의 저작들은 하나같이 인간을 시스템의 한 요소로 전락하게 하는 비-인간적인 현대의 사회체제를 비판하고 있다. 그는 사회의 시스템에 적응하지 못한 천재들을 사회는 광인으로 치부하였고, 많은 경우 천재들의 광기가 사회의 획기적인 변화와 진보를 가져왔다고 주장하고 있다. 그리고 오로지 자신의 정체성과 자아는 스스로의 선택에 의해 형성됨을 역설하였다. 사회 시스템에 너무나 잘 적응한 나머지 자신이 누구인지, 무엇이 자아인지를 알지 못하는 현대인들에게 경종을 울리고 있는 그의 생각들을 알아보자.

○ 인간은 없다

'인간이란 무엇인가?'라는 질문에 대한 보편적이고 변치 않는 정의란 있을 수 없다는 푸코의 사유는 다소 급진적이고, 또 전통적인 사유를 견지하는 이들에게는 부담스러운 사유임이 틀림없다. 하지만 비교적 푸코에 대해 잘 알고 있는 디디에 에리봉은 푸코의 이러한 사유가 독단론*

• 독단론이란 불어로는 '솔립시즘 (solipsisme)'이라고 하지요. 이는 인간, 세계, 신, 지식, 정의 등 그것이 어떤 것이든 하나의 주제나 대상에 관하여 자신의 이론이나 사상 체계를 가지게 되면 그 체계나 이론에 부합하지 않는 모든 것을 '오류' 혹은 '비-진리'로 간주하는 사유 방식을 말한답니다. 철학적으로는 이 같은 사유 방식을 정상적이거나 건전한 사상으로 인정하고 있지는 않습니다. 왜냐하면 이는 일종의 '정신적인 전체주의'를 의미하는 것이기 때문이지요.

에 빠지는 것을 경계하기 위해서라고 말하고 있다.

> 철학은 새로운 잠에, 독단론의 잠이 아니라 인간학의 잠에
> 빠져들었다.
>
> — *MF*, p. 467

푸코는 과거의 철학자들이 일종의 독단론의 잠에 빠져 있었다면, 인문주의로 대표되는 근대 철학은 인간학의 잠에, 다시 말해 '인간중심주의'에 안주하고 있는 것으로 보고 있다. 따라서 고·중세의 철학자들이 인간을 사유함에 있어서 '절대적인 것', '보편적인 것', '무한한 것' 등으로부터 출발하였다면, 근대의 철학자들은 유한한 것, 즉 인간의 이성에서 출발한다.

> 근대 문화는 유한한 것을 인간 자신으로부터
> 사유하기 때문에 인간을 사유할 수 있다.
>
> — *MC*, p. 436

하지만 근대 철학의 출발점이 되었던 인간학적 관점 역시 현대의 사유와 함께 무너질 수밖에 없을 것이다. 푸코는 결국 이성중심의 근대적 사유 역시 다가올 사유(현대적 사유)를 가로막는 장애물이 될 것이며, 이는 또한 저항하는 것(현대적 사유)에 의해 '해체'될 수밖에 없는 것으로 보고 있다.

사람들은 이성의 이름으로 인간의 광기를 고발하지만, 사람들이 마침내 이성에 이를 때, 이성은 현기증에 지나지 않는 것으로 드러나고, 이와 같은 현기증 속에서 이성은 침묵하게 마련이므로, 이성 또한 아무것도 아니다.

— 『광기의 역사』, p. 92

인간학의 '사변형'을 철저하게 허물어뜨리는 것 이외에 다른 방법이 없다.

— MC, p. 467

이 같은 푸코의 사유에는 일종의 서구적 진보사관이 내재해 있다. 즉 역사는 그 필연적인 법칙에 의해서 과거의 틀을 부수고 새로운 구조를 만들어 내면서 진보할 수밖에 없는 것이다. 여기서 '새로운 것'이란 곧 '보다 나은 것'을 의미한다.

이 같은 사유는 당시 획기적인 사고의 전환으로 간주되었던 '진화론'에 영향을 받은 것이다. 그래서 푸코는 마치 고고학자나 진화론자들이 과거 동식물의 화석을 보면서 그 진보의 추이를 추적하듯이 과거의 지식 발전의 과정을 추적하면서 그것을 이해하고자 하는 '지식(앎)의 고고학l'archéologie du savoir'이라는 용어를 고안하였다. 그래서 그의 책에는 '앎의 고고학', '사유의 고고학', '과학의 고고학' 등의 말들이 자주 쓰이고 있다.

사실 고고학이나 진화론의 지식은 엄밀한 의미에서 '진리'라고 할 수 없는 것이다. 이 지식들은 매우 제한적이고 한계를 가진 과거의 증거물들(화석들)을 가지고 일종의 도식이나 구조를 만들어 낸 것일 뿐이기 때문이다. 확률적으로 매우 높은 진릿값을 가질 수는 있겠지만, 추정되고 가정된 것에 불과한 것이기에 이들의 지식체계를 엄밀한 의미에서 '사실'이나 '실재'라고 볼 수는 없다. 그래서 근대적 사유나 진화론

에 의해서 형성된 인간에 관한 사유 역시 푸코의 눈에는 발
명품에 지나지 않는 것으로 보인 것이다.

> 인간은 일종의 발명품인데, 우리들의 사유에 대
> 한 고고학은 아주 쉽게 (발명의) 최근의 날짜를
> 제시해 주고 있다. 어쩌면 (이 사유의 고고학
> 은) 이 새로운 발명의 다가올 죽음의 날
> 짜를 제시해 줄지도 모른다.
>
> — *MC*, p. 398

푸코는 그것이 어떤 지식이든 당대의 지식이란 곧 다가올
후대의 지식에 의해서 밀려날 것이고, 또한 그렇게 되어야
만 하는 것으로 보고 있다. 그리고 이 같은 사유의 진보가 곧
사람들을 자유롭게 한다고 보고 있으며, 자신의 역할은 이를
사람들에게 보여 주는 것이라고 공언하고 있다.

> 나의 역할은 사람들에게 그들이 현재 보여 주고 있는 것보
> 다 훨씬 더 자유롭다는 것을 보여 주는 것이다. … 제 사물

들을 변모시킬 수 있는 가능성은 항상 존재
한다.

— DE, I(*Dits et Écrits I*, 말과 글 1부), p. 1597

이 같은 푸코의 사유는 어떤 점에서는 매우 '인간적인 사유' 즉 '휴머니즘'에 입각해 있다. 왜냐하면 사회적 구조이건 지식의 구조이건 '구조'란 결국 사람들의 사고와 행동을 결정하는 것이며, 권력자나 전문가들은 이 같은 구조의 힘을 빌려 사람들을 통제하고 지배하고자 할 것이기 때문이다.

인간의 실존은 결코 '구조(틀)' 속에 갇힐 수 없으며 어떤 구조도 인간의 행위를 완벽하게 해명할 수는 없다는 차원에서 구조는 결국 인간을 구속하는 도구에 지나지 않는다. 그렇기 때문에 시대가 변하고 환경과 문화가 변하면 구조도 바뀌어야 하며, 사람들은 끊임없이 낡은 구조에서 탈피하여야 하는 것이다. 푸코는 스스로 자신의 학문이 지향하는 바가 바로 이 같은 '인간 해방'이라고 생각하고 있다. 이러한 관점에서 푸코는 확실히 휴머니스트이다.

하지만 어떤 관점에서 보자면 푸코는 마치 사람들로 하여금 그 끝을 보장할 수 없는 무한 반복의 행위를 요청하는 아주 힘겨운 과제를 제시하는 비-휴머니스트라고 볼 수도 있다. 그리스 신화에는 신들의 비밀을 누설한 죄로 '결코 산 정상에 놓을 수 없는 바위를 정상에 올려야 한다'는 선고를 받은 시시포스가 나온다. 그는 결코 완수할 수 없는 일을 끊임없이 되풀이하면서 무한 반복의 노력을 하고 있다. 푸코는 마치 신들이 시시포스에게 명하듯 사람들로 하여금 '자유를 위해' 당 시대의 모든 구조로부터 끊임없이 탈피하라고 주문하고 있다. 하지만 사실은 그 구조를 벗어나도 여전히 시대와 인간을 지배하는 것은 '또 다른 구조'이며, 이 새로운 구조는 또 다른 구속의 굴레에 불과하기 때문에 이를 벗어나기 위해 애를 써야만 한다. 그래서 푸코를 단순히 휴머니스트라고 보기는 어렵다. 아마도 푸코의 사유를 휴머니즘과 연관시키자면 '아웃사이드 휴머니즘'이라고 부르는 것이 정당할 것이다.

이 같은 푸코의 매우 급진적인 사유는 '지식' 혹은 '앎'에 대한 그의 사유에서 비롯하고 있다. 인간에 대한 근대적 사유

잠깐!!!

휴머니즘이란?

휴머니즘Humanisme이란 말 그대로 '인간을 중시하는 사상' 혹은 '인간을 우선적으로 고려하는 사상'을 의미합니다. 통속적으로는 '인간을 위하는 사상'이라고 할 수 있지요. 그런데 휴머니즘이라는 것도 '인간이란 무엇인가'라는 인간관에 따라서 그 의미가 달라집니다. 가령 카뮈와 같은 부조리 철학자를 '휴머니스트'라고 하는데, 그 이유는 그가 종래에 인간의 삶과 사유를 지배하던 운명이나 절대자 등에 순응하지 않고 또 부조리한 사회에 순응하지 않고 이에 맞서는 인간의 모습을 그려 주고 있기 때문이지요. 그리고 실존주의자가 '실존주의는 휴머니즘이다'라고 할 때, 이는 '인간의 본질(이상적인 인간)'을 중시하던 것으로부터 '인간 실존'을, 즉 상황 속에 있는 개별 인간을 중시한다는 의미에서입니다.

또한, 불교나 기독교도 사실은 '휴머니즘'이라고 할 수 있을 것인데, 그 이유는 이들 종교가 인간적인 삶을 파괴하는 허상이나 죄로부터 인간을 해방하고자 한다는 점에서입니다. 마찬가지로 참된 '공산주의'도 일종의 휴머니즘이라고 할 수 있습니다. 그 이유는 공산주의가 지배자(자본가)에 의해 착취당하는

48

인민(노동자, 농민)을 해방하려는 사상이라는 점에서 그렇게 말할 수 있겠지요. 이 모든 사상의 공통점은 '인간을 구속하고 지배하는 그 어떤 사상이나 대상이 분명히 있다는 것'이며, '이로부터 인간을 자유롭게 한다'는 것이지요.

그런데 푸코에게 있어 해방되어야 할 대상은 '사상의 구조'나 '사회적 구조'입니다. 이는 구체적이고 특정한 어떤 사상이나 사회적 구조를 말하는 것이 아니라, 주어질 수 있는 일체의 구조가 그다음 세대를 위해서는 해방되어야만 하는 구조이지요. 그러니 사실상 목적지가 될 해방이나 자유는 존재하지 않으며, 무한히 해방과 자유를 추구해야 한다는 힘겨운 과제를 던져 주는 '휴머니즘'이라고 볼 수 있답니다. 그래서 이것은 주류의 휴머니즘이 아니라, 비-주류 즉 아웃사이더 휴머니즘이라고 할 수 있습니다.

를 '발명품'이라고 말하고 있는 그의 사유에서 이미 드러나고 있듯이 푸코는 앎 혹은 지식을, 특히 현대의 과학적 지식을, 사실에 대한 규명으로 보지 않고 일종의 '사건'으로 보고 있다.

인류학anthropologie의 일반적인 이름으로 19세기
에 설립된 이 모든 과학은 18세기의 유산이 아
니라 마치 '앎의 질서 안에서의 사건évènement
dans l'ordre du savoir'과 같다.

— *MC*, p. 356

'사건'이란 '사실'과 다른 것이다. 사실이 '있는 그대로의
실재'를 특정 관점에 따라 기술한 것이라고 한다면, '사건
évènement'이란 갑작스러운 것이며 예측할 수 없는 것이며 나
아가 상식이나 정상적인 사유로 이해하기 힘든 예외적인 일
을 말하는 것이다. 다시 말하면 학문, 특히 과학은 세계와 인
간에 대한 사실이나 진실의 기록이 아니라 일종의 창조물 혹
은 발명품이며, 이는 푸코가 "인간이라고 부르는 이 앎의 이
상한 모습"이라고 말하게 하는 이유이다. 그렇기 때문에 푸
코는 진화론이라는 것도 "그 조건들은 진화가 없는 생물학적
이론"이라고 비판하고 있다.

이러한 관점에서 그는 인문과학의 특성을 "고전적인 사유
와 분리시키고 현대성을 형성하는 경계점"이라고 규정하고

있다.

> (인문과학은) 우리를 고전적 사유와 분리시키고 현대성을
> 형성하게 하는 경계점seuil이다. 우리가 인
> 간이라고 부르는 앎의 이 이상한 모습이
> 처음으로 나타난 것은 바로 이 경계점에
> 관해서이며, 이것은 인문과학의 고유한
> 공간을 열어 놓았다.

— *MC*, p. 319

    여기서 현대성이란 양의성을 가진 용어이다. 우리가 살고
있는 과학의 시대, 즉 20세기나 21세기를 말하는 것이기도 하
고, 또 과거에 비추어 과거와는 다른, 그때와 분리된 완전히
새로운 의식을 가진 시기를 말하는 것이기도 하다. 즉 지금
의 이 시기도 미래에서 보자면 현대성은 아닌 것이다. 과거와
과거로부터 떠난 두 시기를 '고전 시대'와 '현대'라고 구분할
수 있다면 이 양자 사이에서 이 같은 분리를 가능하게 하는
일종의 '매개체' 혹은 '중재자'가 인문과학이라는 것이다.

따라서 푸코에게 있어서 '인문과학'의 사명은 끊임없이 '과거로부터 분리된 새로운 의식'을 낳게 하는 원동력이 된다는 것에 있다. 한마디로 인문과학은 인간으로 하여금 '스스로 앎을 낳는 창조자'가 되게 한다는 것에 있다. 그리고 이를 가능하게 하는 방법론을 그는 "인식론적인 의식la conscience épisthémologique"이라 부르고 있다.

> 이백 년 전부터 자기 손으로 만든 앎의 창조자는 아주 최근의 피조물이다.
>
> — *MC*, p. 319
>
> 고전 시대에는 인간에 대한 인식론적인 의식이 존재하지 않았다.
>
> — *MC*, p. 320

푸코가 말하는 '인식론적인 의식'이 정확히 무엇을 말하는 것인지 설명하는 것은 쉬운 일이 아니다. 하지만 분명한 것은 이 의식을 '관계성을 이해하고 기술하는 것'이라고 할 수 있다는 것이다. 그는 인식론 혹은 인식체계(episteme, 그리스어 어원에서 인식론)에 대해 다음과 같이 말하고 있다. "내가 한 시대의 인식체계(에피스테메, épistémè)라고 부르는 것은 다양한 과학적 영역들 안에서 학문들 사이의 혹은 서로 다른 담론들 사이의 모든 관계의 현상들을 말하는 것이다"(DE, I, p. 1239).

이를 보다 현대적 용어로 말한다면 '통섭을 가능하게 하는 관계성'이라고 할 수 있을 것이다. 이는 곧 이질적 학문 분야 사이에서의 '담론의 조건'이라고 할 수 있을 것이다. 즉 서로 다른 학문 분야의 두 사람이 대화를 할 때, 말이 통할 수 있는 조건은 그들이 사용하는 다양한 용어나 개념들이 서로 다른 범주의 개념이나 용어들과 어떤 관계성 혹은 상관성을 가져야 한다는 것이다.

과거의 학문 즉 고전 시대의 학문들은 예외 없이 일종의 도그마(총체적인 이론 체계)를 가지고 있었고, 모든 현상들은 이 도그마의 틀 안에서 이해되었다. 예를 들어 "왜 사람들은 이토록 악한가?" 혹은 "왜 모든 사람들은 이기적인가?"라고 묻는다면, 기독교 사상은 "원래 인간은 원죄를 지어서 악하고 또 이기적이다"라고 답하겠지만, 중국의 철학자 순자는 "원래 인간이 악한 본성을 가지고 있기 때문에 그렇다"라고 답할 것이다. 그리고 현대의 유전공학자는 "원래 이기적인 유전자를 지니고 있기 때문에 그렇다"라고 답할 것이다. 이 같은 답변들은 모두 이미 이 현상을 설명해 줄 자신들만의 총체적인 이론 체계(도그마)를 가지고 있기에 이 틀에 적용하여 구체적인 현상을 이해하고자 하는 것이다.

하지만 만일 기독교 신학자와 유전공학자가 서로에 대한 이해나 관계성이 없이 담론을 하게 된다면 여기서는 말이, 즉 담론이 성립되지 않을 것이다. 푸코는 그 이유를 "인식론적인 의식의 부재" 때문이라고 할 것이다. 왜냐하면 푸코에게 있어서 인식론적인 의식이란 분리되고 대립하는 것, 서로 이질적인 것들 사이에서 그 관계들을 이해하고 기술하는 것을 의미하기 때문이다. 하지만 기독교 신학자와 유전공학자 사이에는 이 같은 언어나 개념의 관계성이 단절되어 있기 때문에, 즉 인식론적인 의식이 결여되어 있기 때문에 담론 자체가 성립하지 않는 것이다.

그것은 그의 지식의 총합이거나 혹은 연구들의 일반적인 스타일이 아니라, 오히려 분리, 거리감, 대립들, 차이들 ··· 이다. 이는 분산의 공간이며, 개방된 장이며, 그리고 의심의 여지없이 관계들을 무한정 기술할 수 있는 장이다.

— *DE*, I, p. 704

위와 같은 푸코의 사유는 후설의 현상학에 충실한 관점이라고 말할 수 있을 것이다. 왜냐하면 후설 현상학의 모토는 "오직 현상에로"이기 때문이다. 구체적인 자연현상이나 인간현상을 이해하기 위해서 가정되는 일체의 전제(도그마 혹은 이론 체계)를 배제하고, 의식을 오직 현상에만 집중하며, 이 현상을 분석하고, 나아가 현상학적 환원을 통해서 최후적으로 '본질'이나 '실체'에 대해 접근해 가고자 하는 것, 이것이 현상학의 이념이다. 그리고 푸코 역시 이 같은 사유를 —물론 푸코는 본질이나 실체는 없고 다만 구조가 있을 뿐이라고 하겠지만— 인문과학의 특성처럼 고려하고 있다.

이러한 푸코의 이념에는 인간현상을 고려함에 있어서 미리 가정되는 인간에 대한 사상이나 이념이 존재하지 않는다. 그래서 우리는 푸코의 사유의 출발점에 '인간은 더 이상 없다'라고 정당하게 말할 수 있는 것이다. 그리고 마치 무에서 유를 창조하듯, 인문과학은 '스스로의 손으로' 인간에 대한 앎을 창조해야만 하는 것이다.

이 같은 푸코의 모습에는 마치 '망치를 든 철학자'로 알려진 니체의 이미지가 겹쳐진다. 아마도 이 두 철학자 사이의 차이점은 니체가 스스로 자기 삶과 세계를 책임질 '초인'을 지향한 일종의 형이상학적 목적을 지녔다고 한다면, 푸코는  사회적 구조에 억압당한 사람들을 자유롭게 하고자 하는 일종의 사회적 목적을 가졌다는 점일 것이다.

그런데 과거의 인류가 수천 년의 역사를 지나오면서 쌓아 왔던 지혜나 지식을 깡그리 무시하고 전혀 새로운 앎을 형성하고자 시도하는 것은 너무 과격하고, 또 현실적으로 득보다는 실이 많지 않을까요? 즉 어차피 진리라는 것을 가지는 것이 불가능하고 인간의 앎이란 일종의 '발명품'에 지나지 않는 것이라면 푸코의 시도는 효용성의 면에서도 그리 유용한 것이라 보기 어렵지 않을까요?

물론 푸코뿐 아니라 대다수의 포스트모더니즘의 사상가들은, 고전적인 사유를 견지하는 사람들이 보기에 과격하고 불안한 정서를 유발하는 측면이 분명히 있을 것이다. 학문의 발전을 점진적이고 완만한 상승의 길로 이해할 것인가 혹은 급진적이고 혁명적인 길로 이해할 것인가 하는 문제, 나아가 과거의 학문적 유산을 보존하고 존중하며 점진적으로 발전해 갈 것인가, 혹은 과거의 학문적 유산을 전복시키고 청산하면서 새로운 창조를 시도할 것인가 하는 점은 개인적인 기질과 관점의 차이에서 기인한다고 보아야 할 것이다. 그리고 이는 어쩌면 인류가 생존하는 한 공존하는 두 가지의 정신적인 기질이라고 할 수 있을 것이다. 왜냐하면 전통과 과거의 유산을 중시하는 보수적 성향과, 전통과 과거보다는 미래를 중시하는 진보적 성향은 인간의 본성이 가진 두 기질이라고 할 수 있기 때문이다. 따라서 푸코의 사유가 득보다 실이 많을 것이라는 판단은 푸코와 대립하는 관점에서 본 판단이라고 해야 할 것이다.

반면 푸코의 사상을 효용성의 문제로 고려하기는 어려울 것이다. 왜냐하면 푸코에게 있어서 분명한 사실은 학문적 앎의 가치란 효용성의 문제가 아니라, 새로운 것의 문제이고 또 인간을 해방하는 것의 문제이기 때문이다. 물론 '새로운 것을 곧 더 나은 것'처럼 고려하는 이 같은 푸코의 사유는 '낙관론'이기에 비판을 받을 여지가 있다. 또한, '기존의 구조에서 벗어나는 것이 곧 자유'라는 생각도 '소박한 자유주의'라고 비판받을 여지는 있다.

○ 광기란 발전의 동력이고 또 억압의 요소이다

광기狂氣 혹은 광인狂人이라는 푸코의 용어는 이중적인 의미를 가진 용어이다. 한편으로는 매우 긍정적인 의미를 가지고 있지만, 다른 한편으로는 매우 부정적인 의미를 가지고 있는 것이 광기 혹은 광인이다. 광기라는 말을 생각하면 우선적으로 당 시대의 구조 속에서 벗어나 있는 어떤 열정(비정상적인 열정)이 떠오르기에 이는 '자유'를 상징하는 매우 긍정적인 용어로 와닿는다. 푸코는 이 같은 광인의 예로 중세기의 수도자修道者를 들고 있다.

> 광인이 신성한 사람이라면, 그것은 무엇보다도 광인이 중세의 자선과 관련하여 빈곤의 모호한 세력권에 포함된 존재이기 때문이다. 아마 다른 사람보다 광인이 더 많은 동정을 유발했을 것이다.
>
> — 『광기의 역사』, p. 141

물론 푸코가 중세기의 수도자에 대해서 정확한 이해를 가졌다고 할 수는 없을 것이다. 하지만 가난과 청빈을 삶의 가장 큰 원칙으로 삼았던 수도자들의 삶의 형식이 일반인들에게는 납득할 수 없고 또 수용하기 어려운 것이라는 차원에서는 일종의 '광기'에 해당하는 것도 사실이다.

중세의 수도원들 중에서 '절대적 청빈'을 삶의 모토로 삼은 첫 수도원은 '클라라 수녀원'이었다고 합니다. 이 수녀원의 원장이었던 클라라 수녀는 절대적 청빈을 자신들의 삶의 모토로 허락해 달라고 교황에게 간청하였지만, 매번 여러 가지 이유로 거절을 당하였다고 해요. 하지만 클라라 수녀는 '절대적 청빈'을 자신들의 삶의 원칙으로 삼기 위해 평생을 노력하였는데, 결국 그녀가 임종하기 3일 전에 교황이 직접 수녀원을 방문하여 '절대적 청빈'을 그들의 회칙에 명시하는 것을 허락하였다고 합니다. 이후 '절대적 청빈'을 삶의 원칙으로 삼은 많은 수도원들이 생겨났고, 후일 클라라 수녀는 '성녀'로 추대되었지요. 아마도 '가난이나 청빈을, 그것도 절대적인 청빈을 삶의 가장 중요한 가치'로 삼은 중세의 수도자들은 푸코가 말하는 '광인'의 가장 대표적인 예가 아닐까 합니다.

후대에 매우 존경받는 철학자였지만 당시에는 광인처럼 이해된 철학자로는 희랍의 철학자 '디오게네스'를 들 수 있을 것이다. 그는 전 재산을 포기한 채 포도주를 담는 나무통을 집 삼아 자유롭게 떠돌며 진리를 추구하는 데만 관심을 가졌고, 의인을 찾고 있다며 한낮에 등불을 들고 온 아테네 시내를 누볐다. 당연히 사람들은 그를 향해 어려운 철학을 너무 깊이 공부하다 보니 결국 미쳐 버렸다고 수군거렸을 것이다.

아마도 이 같은 광인을 예술 분야에서 찾으려면 고흐보다 더한 인물은 없을 것이다. 고흐는 평생을 가정이나 직업도 포기한 채 그림을 그리는 데만 헌신하였다. 생전에 습작을 포함하여 천 팔백여 점의 그림을 그렸지만, 돈을 받고 팔 수 있었던 그림은 「붉은 포도밭」이라는 제목의 단 한 점뿐이었다. 그럼에도 그가 보낸 편지글에는, 자신이 참으로 환희에 가득한 행복한 날들을 보냈다고 고백하고 있다. 고흐의 인생은 지금도 마찬가지겠지만 당시로서도 도저히 이해하거나 받아들이기 어려운 '광인의 삶'이었다.

이 같은 광기는 동시대 사람들의 이해와 공감을 얻지 못하고 비-정상적인 열정으로 취급당한 것이 분명하다. 하지만 한 시대가 새로운 단계로 도약하거나 획기적으로 진보하는 것은 바로 이 광기에 의해서이다. 푸코에게 광기란 마치 역사적 도약이나 혁명적인 변화를 초래하는 원동력처럼, 그리고 자유를 향한 인간의 형이상학적 갈망의 상징처럼 고려되고 있다.

> 광기는 사로잡혀 있던 낡은 경험 형태에서
> 벗어난다는 그러한 의미에서 이미 해방된
> 상태에 있다.
>
> ― 『광기의 역사』, p. 650

하지만 광기는 다만 긍정적인 힘으로만 나타나지는 않는다. 광기는 이성의 이해력에 포함되고 이성의 지배에 놓이는 순간 변화를 맞이한다. 즉 광기와 광기 아닌 것을 구분하기 힘들게 되고 모호하게 되는 것이다. 여기서 광기를 억압하고 지배하는 사회적 구조는 매우 부정적인 의미를 가진 또 다른 광기로 등장하고 있다. 이는 바로 18세기 이후에 나타난 제도적인 광기, 즉 '수용시설'로 상징되는 광기이다. 푸코의 시선에서 정신병동과 교도소는 일종의 제도적인 광기의 상징물이다. 즉 이들은 광인을 억압하고 광기를 모호하게 해 버리는 일종의 제도적인 광기로 나타나고 있다.

> … 광기의 진실이 광기와 합류하게 되어 있는 '보호시설'은 광기의 진실이 아닌 것과 광기를 구별할 수 있게 해 주지 않는다. 광기는 더 객관적일수록 더 불확실하게 된다.
>
> — 『광기의 역사』, p. 723

　여기서 보호시설이란 일반적으로 정신병자를 수용하던 정신병동과 죄인을 수감하는 교도소를 상징하는 용어이다. 보호시설이 광기의 진실을 광기와 합류하게 해 준다는 말은 보호시설이 본래 정상인과 비-정상(광기)인들을 구분하고, 후자를 전자로부터 분리시키는 기능을 가지고 있다는 것을 의미한다. 그렇게 함으로써 수용소 안에서 광인들은 자신들을 일반인과 구분하게 하는 광기를 분명하게 알게 되는 것이다. 다시 말해 광인들은 수용시설에 갇히면서 광인으로서의 자신들의 정체성과 분명하게 마주하는 것이다.

그런데 푸코는 사실상 이 같은 수용시설이 광기와 광기 아닌 것을 구분해 주기보다는 오히려 이 둘을 모호하게 하고 광기의 의미를 보다 불확실하게 한다고 본다. 왜냐하면 광기란 대중의 이해를 넘어서는 이상야릇한 것, 매우 주관적인 힘을 의미하는데, 수용소 안에서는 이 같은 주관적이고 이해 불가능한 것이 오히려 '병'이라는 이름으로 객관화되면서 대중의 이해 속에 자리 잡고 말기 때문이다.

광기가 객관화되고 이해 가능한 것이 되었다는 것은 곧 '이해할 수 없는 열정'이자 '역사 발전의 원동력'이었던 광기가 치유되어야 할 '병'이요, 사회의 질서를 어지럽히는 '혼돈'으로 이해되었음을 말한다. 이는 광기가 객관적일수록, 즉 병으로 간주될수록 무엇이 광기인지 아닌지를 판단하기가 매우 불확실하게 되었음을 말해 주는 것이다. 과거에는 이성의 영역 바깥에 있었던 광기가, 현대에는 의학과 과학에 힘입어 이성의 이해력 안으로 들어오고 이성에 의해 제압당하게 된 것이다.

이제는 광기의 진실이 바로 이성의 승리와 빈틈없이 일치

하는 것이 되고, 광기에 대한 이성의 결

정적 제어가 이루어지게 된다.

— 『광기의 역사』, p. 7

18세기의 권력에서 찾아볼 수 있는 가장 비이성적이

고 가장 수치스러우며 가장 심하게 비도덕적인 것은 수

용의 공간에서 지내는 한 광인에 의해 상징된다.

— 『광기의 역사』, p. 625

　　과거에는 비록 광인이 사람들의 이해나 공감의 영역 안으로 들어오지는 못했지만, 어떤 신성한 분위기를 지니며 사람들의 동정을 야기하는 신비의 개념을 지니고 있었다. 하지만 18세기 이후에 광인은 의학과 수용시설이라는 제도에 의해 가장 수치스럽고 무가치한 사람으로 전락하고 만다. 그래서 푸코의 시선에서는 광기를 이성의 합리성 아래에 두면서 광인을 수용소에 감금하는 이 같은 제도나 구조가 또 다른 현대성의 '광기'처럼 보이는 것이다. 이 같은 광기의 대표적이고 가공할 만한 것이 곧 '수용소'라는 제도(구조)이다.

이처럼 새로운 가치와 알려지지 않았던 움직임이 수용의 공간에 깃들 때, 오직 그때에만 의학은 보호시설을 점유하고 광기의 모든 경험을 아우를 수 있게 된다. … 그것은 100여 년 전부터 점차로 광기와 비이성을 몰아낸 사회적이거나 정치적인 모든 행위와 상상적이거나 도덕적인 모든 의례儀禮의 재조정으로 말미암아 수용 자체가 치료의 가치를 띠었기 때문이다.

— 『광기의 역사』, p. 677

광기는 더 이상 이해 불가능하고 신비로운 어떤 주관적인 힘이 아니라 의학에 의해 치유되어야 할 병처럼 간주되고, 이러한 사유의 변화 아래에는 또 다른 광기, 현대성의 광기가 자리하고 있다. 푸코는 이 현대적인 광기를 이루는 요소들을 다음과 같이 말하고 있다.

갈수록 경제적이고 정치적인 설명이 선호되는 데, 이와 같은 설명에는 부, 진보, 제도가 광기의 결정요소로 나타난다.

— 『광기의 역사』, p. 557

　약간은 과장된 표현이겠지만, 푸코의 이 같은 통찰은 조금
만 깊이 생각해 본다면 누구나 공감할 수 있는 것이다. 오늘
날 대다수의 선진화된 국가에서는 '노인 병원'이나 '노인 요
양소'라는 것이 성행하고 있다. 그곳은 매우 비-인격적인 곳
이라, 평생을 길러 주신 부모님들을 그곳으로 데려간다는 것
은 인간다운 처사가 아니라고 많은 이들이 지적한다. 하지
만 점점 더 많은 노인들이 요양소라는 곳에서 마지막 여생을
보낸다. 그 이유는 분명하다. 경제적인 이유, 제도적인 이유,
그리고 사회적 진보라는 차원에서 그것이 정당성을 확보하
기 때문이다. 그리고 푸코는 이 같은 이유들을 모두 일종의
'광기의 요소'라고 본다.

　광기에 대한 이러한 푸코의 사유는 사실상 푸코 자신의 사
유라기보다는 '광기'라는 인간현상을 대하는 사람들의 사고
방식의 변화를 일종의 '관찰자'의 입장에서 말해 주는 것이라
고 할 수 있다. 그래서 푸코의 학문적 작업은 철학적으로는

현상학자의 입장을 고수하고 있으며, 다른 관점에서는 다분히 사회과학적인 차원의 연구라고 볼 수 있다. 즉 관찰자의 시선에서 광인에 대한 사람들의 사고방식의 변화를 역사적으로 기술하고 있는 것이다. 그 관찰의 핵심은 다음과 같이 요약될 수 있다.

처음에 광인들은 일종의 유랑자들이었다. 그들은 순례의 길 위에 있는 사람들이었고, 그렇기 때문에 그들의 삶은 일반 사람들의 삶 속에서 동화되거나 인정받을 수 없었다. 그들은 일종의 이해할 수 없는 신비로운 사람들, 동정을 유발하는 사람들로 이해되었다. 광기는 비록 일반인들의 생활공간에서는 자리가 없었을지라도 그들은 인간 생활 및 인간 역사와 어떤 관계성을 지니고 있었고, 많은 경우 역사를 획기적으로 발전시킨 원동력이 되기도 하였다.

하지만 근대와 더불어 사람들은 '광기'에 대한 개념을 형성하기 시작하였고, 이와 동시에 광인들에 대한 이성적인 이해를 가지기 시작하였다. 광인들은 더 이상 '이상야릇'하거나 '신비로운' 힘을 가진 순례자가 아닌, 사회적 질서에 혼란을 야기하는 '비-정상적인 사람'으로 이해되기 시작하였고,

광기는 '치유되어야 할 병'으로 간주되기 시작하였다. 푸코는 이 같은 변화가 "국가의 내재적 변증법의 논리 속에서"(『광기의 역사』, p. 142) 출현하였다고 보고 있다. 그리고 이러한 논리를 또 다른 현대적 광기라고 보고 있는데, 이 새로운 광기의 핵심적 요소는 '부', '진보', '제도' 등이다.

그런데 푸코의 학문적 방법을 '관찰자의 입장'이라고 하는 근거는 무엇인가요? 딜타이 같은 철학자는 모든 사상이란 일종의 '사태에 대한 해석' 혹은 '개념형성을 통한 주관적 구성'이라고 하지 않았나요?

사실 이 같은 질문에 정답을 제시할 수는 없을 것이다. 근본적으로 푸코의 사유란 엄밀하게 말하자면 철학적이기도 하고 또 사회과학적이기도 하기 때문이다. 사회과학적 탐구의 특성은 객관성에 있다. 사회과학자들은 분명한 사실들을 토대로 통계를 내고 그 통계를 바탕으로 사회현상을 진단하는 사람들이다. 사회과학자들은 자신들의 연구 과정에서 주관적인 해석이나 개별적인 견해를 첨가하는 것은 가급적 피한다.

반면 철학자들은 비록 객관적인 사실을 주제로 취할 때라도 언제나 여기에 의미를 부여하고 가치를 논한다. 이 과정에는 필연적으로 한 철학자의 주관적인 해석이나 견해가 동반되는데, 만일 이 같은 개별적인 해석이나 견해를 근본적으로 배제시킨다면 더 이상 철학이라는 학문은 성립하지 않을 것이다. 왜냐하면 철학은 지식knowledge을 추구하는 것이 아니라 지혜wisdom를 추구하기 때문이다. 따라서 모든 철학자들의 사상은 결국 최종적으로 세계와 인간에 대한 주관적인 해석이나 견해가 동반될 수밖에 없는 것이다.

이와 마찬가지로 푸코 역시 광기와 광인 그리고 광기의 역사를 테마화하고 이로부터 생에 대한 어떤 지혜를 얻고자 한다는 차원에서 철학적인 작업을 하였다고 할 수 있다. 반면 푸코 스스로 밝히고 있듯이 그의 작업은 일종의 '지식에 관한 고고학적 작업', 즉 인류 역사에 나타나는 인간의 지식들에 관해 고고학자가 화석을 연구하듯이 그렇게 객관적으로 탐구하였다는 말이다. 그래서 그는 광인의 개념도 새로운 개념의 형성이라기보다는 '발견'이라고 말하고 있다. "광기의 근대적 개념은 그 어렴풋한 영역에서 서서히 형성되었다. 개념의 새로운 획득이 아니라 굳이 말하자면 '발견'이었는데…"(『광기의 역사』, p. 651).

발견이란 과학자들의 몫이고 철학자들은 발견된 것에 의미를 부여하고 가치를 획득하는 역할을 한다. 그렇기 때문에 푸코의 학문적인 작업은 그 스스로가 밝히고 있듯이 우선적으로 사회과학적인 의미를 내포하고 있다. 아마도 푸코의 학문적 정체성을 가장 잘 말해 주는 용어가 있다면 '사회철학자' 혹은 '사회과학 철학자'라고 할 수 있을 것이다.

○ 구조가 광기가 되면 광기는 소멸한다

과거에는 광기를 한 개인의 개별적인 삶의 양식에서 나타난 것이라고 했다면, 현대의 새로운 종류의 '광기'는 더 이상 개인이 아닌 사회적 제도 혹은 국가적 제도라는 것 안에서 출현하고 있다. 이 제도 안에 출현하고 있는 것은 곧 '권력'이라는 힘이다. 푸코는 근대사회 이후 이 같은 구조화된 권력의 지배가 '군대', '병원', '수용소', '감옥', '학교' 등 거의 모든 곳에서 나타나고 있으며, 이것이 중세의 '수도원'에서 작동하던 원리가 동일하게 적용된 것이라고 보고 있다. 그리고 이처럼 집단에 의해 구조적으로 나타나는 광기에 대한 푸코의 견해는 매우 부정적이다. 그는 이를 '규율 권력'이라고 부르고 있는데, 이 같은 권력은 훈육이라는 이름하에 끊임없는 훈련을 통해서 완전한 복종을 지향한다고 보았다.

> 신체와 시간에 관한 정치적인 기술로 편입된 훈련은 천상의 세계로 올라가기 위한 것이 아니라, 끊임없이 반복되면서 완성되는 복종을 지향하는 것이다.
>
> ― 『감시와 처벌』, p. 255

푸코는 이 같은 규율 권력이 가장 극단적으로 실행되고 있는 상징적인 장소를 '파놉티콘panopticon'*으로 대표되는 감옥으로 보았다. 파놉티콘은 가장 이 상적인 '감시의 장치'라고 할 수 있다. 감시자들은 이 장치를 통해서 "단 하나의 시선만으로 모든 것을 언제라도 볼 수 있을 것이다. 하나의 중심점이 있어, 그것은 모든 것을 비추는 광원이 되는 동시에 알아야 할 모든 대상들이 집약되는 지점이 될 수 있을 것이다"(『감시와 처벌』, p. 237). 그리고 푸코는 이렇게 실현된 완벽한 감시체계가 정치체계에 적용된 것을 '정치적인 유토피아'라고 말하고 있다. 그래서 푸코는

• '파놉티콘'은 일종의 매우 효과적인 '감옥'이라고 할 수 있지요. 이 개념은 공리주의자 벤담에 의해 제시된 것이랍니다. 이 감옥은 원형의 건물 중앙에 감시자의 탑이 있으며, 이 탑에서 감시자가 한눈에 모든 수감자들의 방을 주시할 수 있도록 설계되었죠. 게다가 감시자는 언제라도 수감자들을 볼 수 있지만, 수감자들은 감시자들을 전혀 볼 수가 없기 때문에 설령 감시자가 자리를 비워도 수감자들은 감시자가 자신들을 주시하고 있을 것이라 생각하게 만든답니다. 따라서 아주 적은 노력으로 최대한의 감시 효과를 가져오는 구조물이지요. 푸코는 이 같은 벤담의 '파놉티콘'을 이상적인 감시 구조로 보았고, 또 이와 동일한 논리가 정치에 적용된 것을 '권력의 새로운 구조'라고 보았습니다.

18세기 후반에 아주 유행하였던 원형의 건축물들이 위세를 떨친 이유를 바로 이 같은 건물들이 정치적인 유토피아를 상징하고 있기 때문이라고 진단하고 있다.

　이 같은 규율 권력이 총체적인 거대 구조로 나타나는 것이 곧 국가이다. 푸코는 『감시와 처벌』에서 국가에 관해 말하면

서 기베르J. A. de Guibert의 말을 인용하고 있는데 이는 다음과
같다.

> 내가 그리는 국가는 간단하고 견고하며 통치하기 쉬운 하
> 나의 행정기구를 갖는다. 그것은 별로 복잡하지 않은 용수
> 철 장치에 의해서 큰 효과를 낼 수 있는 거대한 기계와 같
> 은 것이다. 이 국가의 힘은 행정기구의 힘으로부
> 터, 그 번영은 행정기구의 번영으로부터 생겨
> 나는 것이다. 모든 것을 파괴하는 시간이 오
> 히려 국가의 힘을 증대시킬 것이다.
>
> — 『감시와 처벌』, p. 265

이 같은 사유에 의하면 국가란 정치기구의 힘을 통해 거
대한 규율 체계를 형성하는 조직이며, 행정기구라는 도구를
사용하여 모든 구성원들을 자동적으로 순종하게 만드는 거
대 기관을 말하는 것이다. 역사상 실제로 존재하였던 이 같
은 국가를 들자면 소위 '국가사회주의'라는 이름으로 일종의
전체주의적 사회를 형성하였던 나치당이 지배한 독일제국

이 있을 것이다. 그리고 공산국가로 대표되었던 구소련을 들수 있을 것이다.

그런데 국가에 관해서는 다양한 이론이 있지 않나요? 푸코가 통찰하고 있는 이 같은 진단은 그중에서 '사회주의 국가'를 지칭하는 것 같고, 또 사회주의 국가를 지칭했을 때에도 국가가 가진 특징이나 본질에서 매우 부정적인 차원만을 부각시키고 있는 것 같은데요. 이를 정당하거나 올바른 진단이라고 할 수가 있나요?

물론 국가에 대한 이 같은 분석은 푸코 자신의 견해가 아니다. 다시 말해 푸코는 "국가란 이러한 것이다"라거나 혹은 "국가란 이렇게 되어야 한다"라고 말하는 것이 아니다. 그는 당시의 유럽국가의 모습이 가진 부정적인 면 혹은 부작용에 대해 분석하고 진단하고 있는 것이다.

가령 보다 자유 민주주의에 근접한 사회에서는 '권력이 국민으로부터' 나오겠지만, 보다 사회주의 국가에 근접한 사회에서는 '권력은 사회구조', 즉 국가기관으로부터 나온다는 것이다. 따라서 이 같은 푸코의 진단이 모든 국가에 적용되는 것은 아닐 것이다. 오히려 푸코의 진단은 당시 유럽사회가 지니고 있었던, 혹은 현대사회가 지니고 있었던 우려할 만한 문제점을 비판하고 있다고 보아야 할 것이다. 즉 그는 당시 유럽사회를 지배하였던 '유럽식 사회주의'로 표방되는 '사회주의 국가'가 가지고 있었던 부정적인 면, 제도화되고 구조화되면서 사람들의 자유를 박탈하고 지배하는 권력의 속성이 어디에서 기인되고 있는지를 진단하면서 우회적으로 비판하고 있는 것이다. 그렇기 때문에 푸코의 이 같은 진단을 매우 편협한 것이라고 보기보다는 근본적으로 그의 철학적 작업의 성격이 '사회비판철학'을 지향한다고 보아야 할 것이다.

푸코가 통찰한 현대사회의 특징 중에 하나는 국민과 대중을 감시하고 통제하는 기술들이 보다 교묘하게 발전하고 있다는 사실이다. 이는 그러한 기술이 더 이상 물리적인 힘이나 폭력에 의존하지 않고도 표면상 숨겨진 채로 더욱 강력하게 통제하고 있음을 의미한다. 푸코가 이 사실을 분석과 진단이라는 방식을 통해 대중에게 폭로하고자 하는 의도를 가지

잠깐!!!

'유럽식 사회주의'란?

'유럽식 사회주의'는 '공산사회주의'와 구분하기 위해 사용하는 개념이랍니다. 사회주의란 '개인의 자유나 권리보다는 사회적 공동선을 우선시한다'는 근본이념을 가진 일종의 정치제제를 말하는 것이지요. 따라서 사회주의는 개인주의에 대비되는 개념이겠지만 정치적인 용어로는 '자본주의'에 대립하는 개념이라고 할 수 있어요. 왜냐하면 '자본주의'는 근본적으로 구성원 개개인의 자유와 권리를, 특히 사유재산에 대한 보호를 사회적 공동선에 우선시하기 때문입니다. 즉 사회주의가 개개인의 자유와 권리보다는 사회 전체의 이익을 우선시한다면, 자본주의는 사회적 이익이라는 명분보다는 개개인의 자유와 권리를 우선시한다는 것이지요. 간단히 말해 사회주의는 '평등'을 보다 강조하는 사회이고, 자본주의는 '자유'를 보다 강조하는 사회라고 말할 수 있어요.

그런데 사회주의의 이념을 극단적으로 밀고 나가면 사유재산 제도를 부정하게 되는 '공산주의'가 될 것입니다. 북한, 중국, 쿠바 등이 대표적인 나라들이며, 이를 '공산사회주의'라고 하지요. 반면 유럽식 사회주의란 기본적으로 자본주의 이념을 기초하고 있으면서 궁극적으로 '복지사회'를 지향하는 현재의 유럽 국가의 사회체제를 지칭하는 용어랍니다.

고 있다고 보는 것이 푸코에 대한 '정당한 이해'가 될 것이다.

푸코는 이 같은 현대의 감시체제를 특히 "이원적인 구분과 특성 표시의 방식"이라고 비판하고 있다.

이것은 이원적인 구분과 특성 표시의 방식(광인-광인이 아닌 자, 위험한 자-무해한 자, 정상인-비정상인) 그리고 강제적인 결정과 차별화의 배분 방식이다. … 비정상인들을 측정하고, 통제하고 교정하기 위한 모든 기술과 제도의 존속은 과거 페스트의 공포로 만들어진 모든 규율 장치를 그대로 가동시키는 근거가 된다.

— 『감시와 처벌』, pp. 308-309

특히 '동성애'에 대한 사회구조적인 인식으로 나타나는 광기에 대해 푸코는 매우 비판적인 입장을 취하고 있다.

> 예전에 마법 및 이단과 똑같은 이유로, 그리고 동일한 신
> 성모독의 맥락에서 유죄로 인정되던 남색男色이 이제는 다
> 만 도덕을 근거로, 동성애와 동시에 유죄로 선고
> 될 뿐이다. … 동성애 감정에 대해 분노하
> 는 이해 방식이 생겨났고 이와 동시에 동
> 성애가 남색에 덧붙여진다.
>
> — 『광기의 역사』, p. 179

> 이에 따라 수용의 공간은 광기의 행선지行先地가 되고,
> 이제부터 수용과 광기의 관계는 필연적이게 된다.
>
> — 『광기의 역사』, p. 677

니체는 『권력에로의 의지』에서 과거의 모든 도덕적인 규
범을 일종의 지배계급의 권력구조를 위한 장치처럼 고찰하
고 있는데, 푸코 역시 이와 유사한 관점을 견지하고 있다. 즉
이 같은 권력구조가 '도덕성'이라는 이름으로 자신들의 권력

을 정당화하고 있기 때문에, 도덕을 근거로 규범에서 이탈한 자를 '광기'로 취급하고 급기야 '유죄'처럼 간주하게 된다고 보고 있다. 따라서 동성애자란 정상적인 도덕규범을 이탈한 '이탈자'로 간주되고 도덕적 기준에서 유죄로 인정된 자이며 이들에게 예정된 장소는 곧 '수용소'라는 것이다.

여기서 수용소는 곧 광기를 수용하는 곳, 광인들이 머무는 장소처럼 이해된다. 그리고 이 같은 부당함이 정당하게 발생하는 이유는 '합리적 이성'* 때문이다. 이 합리적 이성은 보편성에서 이탈한 이상야릇한 사람들, 도덕성에서 이탈한 이탈자들을 '광인'의 명목으로만 자기 사회에 받아들인다. "이성적인 사람들의 나라는 이러한 명목으로만, 그리고 익명의 사람과의 이러한 일치를 대가로 강요하면서만 광인을 받아들일 뿐이다"(『광기의 역사』, p. 745). 즉 사회는 광인들을 사회가 스스로 (합리적으로) 규정

• 여기서 푸코가 말하고 있는 '합리적 이성(la raison rationelle)'이란 사실상 '도구적 이성(la raison instrumetale)'을 말하는 것이랍니다. 합리적인 사유나 합리성은 그 자체로는 부정적이거나 나쁜 의미의 용어는 아니지요. 하지만 합리성이 부-도덕하거나 정의롭지 못한 일을 하며 명분이나 이유로 내세워질 때 합리성은 부정적인 의미가 됩니다. 다시 말해 정당하지 못한 일에 정당성을 부여하기 위해 합리성을 근거로 사용할 때 사람들은 이를 '도구적 이성'이라고 부르지요. 아마도 푸코는 당시의 사회(구조) 그 자체를 비판하기 위해서 이 같은 섬세한 구분은 하지 않았을 거예요.

한 광기의 개념에 타협하는 한에서만 사회 구성원으로 받아들일 뿐이며, 광인들은 또한 비굴한 타협을 통해서만 자신들이 거주할 장소를 마련할 수가 있게 된 것이다.

사회를 변혁시킬 강력한 힘을 그 안에 지니고 있었던 광인들은 과거의 사회구조가 만든 수용소라는 합리성과 타협하면서 이제 자신들이 지녔던 그 신비로운 힘도 모두 빼앗기고 만 것이다.

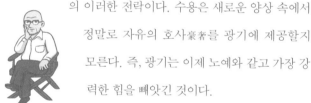

더 분명하게 광기를 통제하는 것은 바로 객관성으로서의 이러한 전략이다. 수용은 새로운 양상 속에서 정말로 자유의 호사豪奢를 광기에 제공할지 모른다. 즉, 광기는 이제 노예와 같고 가장 강력한 힘을 빼앗긴 것이다.

— 『광기의 역사』, p. 685

우리는 이러한 푸코의 사유에서 사람들을 정상과 비정상, 건강한 자와 병자, 모범생과 열등생과 같이 이분법적으로 구분하고자 시도하는 도구적 이성의 오류, 즉 '흑백논리의 오류'를 고발하는 고발자의 모습을 발견할 수 있다. 그리고 여기서 '다양성에 대한 인정'과 '사회적 약자에 대한 배려'를 주장하는 일종의 진보적인 정신을 발견할 수가 있다.

그런데 만일 푸코 자신이 동성애자가 아니었어도 이 같은 주장을 하였을까요? 다시 말해 푸코는 자신이 동성애자였기 때문에 자신의 '라이프 스타일'을 옹호하기 위해 이 같은 논리를 편 것은 아닐까요?

물론 이 같은 반론은 언제나 제기될 수 있고, 또 사실 "그렇다!"라고 말할 수도 있다. 푸코가 동성애자가 아니었어도 동일한 주장을 할 수 있었을까? 이 질문에 답변한다는 것은 무의미하다. 베르그송이 말했듯이 발생하지 않았던 사태를 염두에 두고 이후의 결과에 대해 어떤 질문을 던진다는 것은 다만 추측할 수 있을 뿐 어떠한 실제적인 담론도 형성할 수가 없기 때문이다.

하지만 조금 다른 차원에서 보면 오히려 푸코가 동성애자였기 때문에 이 같은 푸코의 주장은 매우 설득력이 있다고 볼 수도 있다. 왜냐하면 고통을 가져 보지 못한 자가 고통에 대해 진지하게 말할 수 없고, 사랑을 해 보지 않은 자가 사랑에 대해 진지하게 말할 수가 없듯이 동성애자가 아닌 사람이 동성애에 대해서 진지하게 말할 수는 없을 것이기 때문이다. 다시 말해 사회적 약자를 변호하는 사람이 어떤 점에서 그 자신도 사회적인 약자의 입장에 처해 있다는 것은 결격사유가 아니라 오히려 필요 불가결한 조건이라고 볼 수도 있다.

따라서 진정한 반론은 푸코가 '동성애자인가, 아닌가'에서 주어지는 것이 아니라, 푸코가 비판하고 있는 '흑백논리의 오류'를 사실은 푸코 자신도 범하고 있다는 아이러니에서 주어질 것이다. 사람들이 도덕규범 혹은 관습이라고 부르는 것들, 그리고 수용소라고 부르는 곳은 푸코의 생각대로 기득권을 유지하기 위한 장치(구조)라고 볼 수도 있지만, 또한 인간다운 삶을 위한 기본적인 조건으로 생각될 수 있고, 나아가 진실로 불행한 이들을 치유하고 그들의 건강한 일상을 위한 사회적 안전장치라고도 볼 수 있을 것이다. 모든 것은 정도의 차이는 있겠지만 긍정과 부정의 요소를 함께 가지면서 이

둘 사이의 어느 지점에 있을 것이다.

하지만 푸코는 광인을 억울한 자로, 수용소를 억압하는 힘으로, 그리고 합리성을 지배하는 힘으로, 비합리성을 억압당하는 요소로 이분화하고 있다. 이러한 점에서 푸코가 현대의 사회구조적인 양상을 '흑백논리의 오류'라고 비판하는 그 방식이 또 다른 '흑백논리'를 통해 시도되고 있다고 비판할 수는 있을 것이다.

그렇다면 푸코가 범하고 있는 이 같은 '흑백논리'의 오류는 엄밀히 말해 오류라기보다는 일종의 '정치적인 풍자'로 보는 게 맞을 것 같아요. 시대가 가진 어떤 문제점을 지적하기 위해 한 사회가 가진 문제점을 단순화시키거나 강조하다 보면 누구나 이 같은 오류를 피해갈 수 없을 것이기 때문이지요.

다만 이 같은 푸코의 논리들이 사회구조적 모순들을 해결하는 데 도움을 주는 힘이 되어야지, 정치적인 목적으로 사용하는 또 다른 '흑백논리'가 되어서는 안 될 것입니다. 즉 푸코의 이 같은 진단을 특정 집단, 가령 기존의 보수적인 계층을 공격하기 위한 수단으로 사용하여서는 안 된다는 점은 유념할 필요가 있을 것 같아요.

○ 그럼 나는 누구인가

"인간은 없다"라는 푸코의 사유는 우리로 하여금 "그렇다면 개인은 어떻게 되는가?"라는 질문을 야기한다. 푸코에게 있어서 '나' 혹은 '개인으로서의 나'는 어떻게 이해되는 것일까? 대다수의 철학자들이 빼놓지 않고 관심을 가지고 질문하는 것이 바로 "나는 누구인가?"라는 자기 동일성에 관한 질문이다.

인류라는 유적존재인 '인간'으로부터 구분되는 '나의 자아'를 가진다는 것은 철학함의 조건이거나 혹은 가장 중요한 하나의 결실처럼 고려되고 있다. 그런데 상식적인 차원에서 만일 '인간이란 무엇인가?'에 대한 질문이 전혀 주어질 수 없다면 '나는 누구인가?'라는 질문도 주어질 수가 없을 것이다.

푸코 역시 이 질문에 대해 무지하거나 무관심하지는 않았다. 하지만 그는 이 같은 질문에 대해서도 자신의 견해를 직접 말하기보다는 과거의 철학들이 이 질문에 대해 가졌던 일종의 오류를 지적하며 간접적으로 말하고 있다. 푸코에게 있어서 '이미 주어진 어떤 근원적인 자아'를 가정한다는 것은 오히려 자아를 왜곡하는 위험한 일이다.

내 생각에는 정체성과 주관성을 근원적 profonde이고 자연스러운naturelle(자아의) 구성 요소로 간주하는 것은 위험한 것이라 생각된다.

— *DE*, II, p. 801

왜냐하면 주어진 '근원적인 자아'를 강조할수록 인간을 자유롭게 할 '진리'의 의미로부터 멀어지며 '그 자신의 진리sa vérité'에 개인을 묶어 버리기 때문이다.

푸코가 서구 기독교를 비판하는 관점이 바로 이것이다. 그는 이 같은 상징적인 행동을 '고해(고백성사, la pénitence)'에서 발견하고 있다. 그는 고해의 기능을 끊임없이 동일한 진리를 반복하고 확인시키는 것으로 보고 있다. 그리고 이 같은 고해 문화의 성장을 오히려 진리의 축소로 보고 있다.

기독교의 고해 문화가 보다 성장한다는 것은 …

개인을 그의 진실sa vérité에 점점 더 묶어 버리는

잠깐!!!

'근원적인 자아'란?

이는 경험적으로 습득되거나 살아가면서 형성한 '나'가 아닌 탄생과 더불어 주어진 '나'를 의미하는 것이랍니다. 가령 어떤 사람이 전쟁이나 화재로 인해 얼굴을 알아볼 수 없을 만큼 심하게 부상을 입고 또 기억마저 상실하여 주변 사람들 중 누구도 그를 알아볼 수가 없다고 해도, 그의 어머니는 그를 알아볼 수 있을 텐데요. 이처럼 외적인 모든 조건을 넘어서 근원적으로 '나'를 '나'로 규정하는 자아를 가정할 수 있는데 이것을 '근원적인 자아'라고 하지요.

중세의 철학자들은 이를 매 탄생 시마다 신이 창조하는 개개의 영혼에 의한 것이라 할 것이며, 불교학자라면 윤회의 과정에서 발생한 업에 의한 것이라고 하겠지요. 형이상학적인 시각에서 보자면 이 같은 근원적인 자아를 부정할 수는 없을 것 같고, 또 순수하게 현상학적으로 보자면 근원적 자아를 가정한다는 것은 매우 비논리적인 것이라고 할 수 있지요. 그래서 푸코 역시도 '근원적 자아는 존재하지 않는다'라고 단정적으로 부정하지는 않는답니다.

경향을 가지게 된다.

— MD(*Mal faire, dire vrai*), p. 7

이 같은 푸코의 사유는 충분히 공감이 간다. 빛을 예로 들면, 빛은 그 자체로는 아무 색깔도 없지만 그럼에도 수많은 색깔들을 산출하며 멀리 퍼져 나가는 기능이 있다. 만일 아무리 중요한 색이거나 아무리 중요한 장소라고 해도 빛이 어느 특정한 색이나 특정한 장소에 국한되어 머물고 만다면 빛으로서의 기능은 반감되고 만다.

마찬가지로 아무리 중요하고 확고한 명제나 교의라고 해도, 진리가 어느 특정한 명제나 특정한 교의에 머물고 만다면, 그것은 진리의 기능을 전혀 살리지 못할 것이다. 다시 말해서 만인을 위해, 그리고 모든 일에서 빛을 발해야 할 진리가 어느 특정한 문화나 특정한 집단에 머물고 만다면, 이는 진정한 의미의 진리가 아니라 '그들만의 진리'로 끝나 버릴 것이다. 따라서 푸코의 종교에 대한 비판은 특정한 도그마 속에 안주하고 있는 '종교적 근본주의'를 염두에 두고 있다고 볼 수 있다.

잠깐!!!

'종교적 근본주의'란?

'종교적 근본주의'란 어떤 특정한 근본적인 교의나 종교적 명제들에 매우 중요한 가치를 부여하고 그것을 고수하면서, 그 외의 것을 일체 수용하지 않는 정신적 경향성을 이르는 말입니다. 예를 들면 '알라'라는 이름을 오직 신을 지칭하는 용어로 사용할 수 있다고 생각하는 이슬람인이나, 성경의 내용을 문자 그대로 받아들이며 일체의 주관적인 해석을 용납하지 않는 기독교인, 모든 것은 마음이 만들어 낸 것이라고 생각하는 것 외다른 관점을 허용치 않는 불교인 등은 종교적인 근본주의를 가졌다고 할 수 있지요.

이 같은 '종교적인 근본주의'의 문제점은 진리의 의미를 어느 특정한 도식이나 제한된 범주 속에 국한시키기 때문에 근본주의가 강할수록 '이단'으로 배척하는 것이 많아지고 보다 배타적이고 자기중심주의가 된다는 것에 있습니다. 그런데 사실상 이 같은 '근본주의의 오류'는 종교적 분야뿐 아니라 모든 분야에서 발생할 수가 있답니다.

푸코에게 있어서 자신의 동일성이나 정체성을 구성하는 요소는 이미 규정되거나 고정된 것이 아니라 자유로운 선택에 의해 결정되며, 이는 자신을 기술해 줄 그 척도 자체가 곧 자신의 선택에 의해 결정된다는 것을 의미한다. 그래서 그는 '무엇이 나 자신인가'라는 질문 이전에 '어떤 근거에서 나 자신이라는 것을 발견할 수 있는가'라는 질문을 먼저 해야 한다고 주장한다. 그리고 정체성은 곧 '위치를 고정하는 것'에서 주어진다고 보고 있다.

'자기Soi'는 두 가지 의미를 가진 숙고된 대명사이다. 자동 Auto이란 '동일한 것de même'을 의미하지만 또한 '정체성 identité'의 개념을 의미하기도 한다.

이 두 번째 의미는 '무엇이 자기인가?'라는 질문에서 '어떤 근거로부터 나는 나의 정체성을 발견할 수 있는가?'라는 질문으로 넘어갈 수 있게 해 준다.

— *DE*, II, p. 1610

정체성은 자신의 핀이다l'identité est un épinglage à soi-même.

— *DE*, II, p. 36

불어에서 '핀un épinglage'이라는 용어는 어떤 사물을 고정하는 '문구'를 이르는 말이다. 따라서 '핀이 곧 나의 정체성'이라는 말은 내가 나를 고려함에 있어서 '나'라는 것을 붙들어 맬 수 있는 어떤 기준점을 정한다는 것을 의미한다. 인간은 누구나 자신을 규정해 줄 수많은 명제나 정의를 가지고 있다. '나는 학생이다', '나는 서울 사람이다', '나는 채식주의자다', '나는 한국인이다', '나는 스포츠 애호가다', '나는 클래식 마니아다', '나는 화가다', '나는 불교신자다'… 이렇게 나를 규정해 줄 명제들이 수백 가지라고 한다면 도대체 나는 무엇으로 나의 정체성을 규정할 수 있을까?

만일 어떤 회사나 기관에 나를 소개하는 '자기소개서'라는 것을 써서 제출해야 한다면 수백 가지 중에서 어떤 것을 선택할 것이며, 또 선택한 것들을 무엇을 중심으로 기술할 것인가? 바로 여기에서 필연적으로 '나'라는 것을 구성해 줄 어떤 중심점이나 기준점이 있어야 할 것이며, 바로 그것이 곧 나를 고정시켜 줄 '핀'인 것이다. 여기서 무엇이 '나의 핀'이 될 것인가는 어디에 이 소개서를 제출하며, 어떤 용도로 제출하는가에 따라서 달라질 수밖에 없을 것이다. 즉 나의 정체성을 규정하는 근거는 곧 '나를 둘러싼 그 상황'과 '나의 판단'인 것이다. 여기에는 어떤 필연적인 것이나 절대적인 것이 있을 수가 없다.

이러한 이유로 푸코에게 있어서 '자기 동일성'이나 '자기 정체성'을 결정하는 것은 곧 자기 자신이 된다. 그래서 그는 18세기 이후 인문학이 '인간의 주체'를 부정한 것은 새로운 주체를 형성하기 위해서라고 강변하고 있다. 그런데 불행하게도 사회적 구조가 개인들을 지배하는 현대사회에서는 이같은 자유로운 '자기 정체성'에 대한 결정권이 박탈되고 있

다. 푸코는 그 가장 명백한 예를 '성性적 자기 결정권의 박탈'에서 발견하고 있다.

의학 지식과 행정 등록이라는 우회적 방식을 통해 성적 정체
성이 고정된다. 각자에게 처음으로, 깊고 단호한 성적 정체
성이 결정된다.

— *DE*, II, p. 936

아마도 푸코의 관점에서 현대사회가 중세시대보다 더 퇴
보한 점이 있다면 구조가 권력이 되고 권력이 개인을 통제하
고 지배하면서, 개인의 자유로운 견해나 자기 결정권이 박탈
되었다는 점일 것이다. 그는 중세기에는 과학적 담론이나 가
치에 있어서도 그것이 말하는 사람의 개인적인 주장으로 간
주되었지만, 17세기 이래로 이 같은 개인적인 견해는 과학적
담론에서 아예 사라져 버렸다고 비판하고 있다.

예를 들어 '도플러 효과'라는 용어는 더 이상 과학자 도플
러의 개인적인 견해나 생각이 아니라, 공인된 과학적 사유
혹은 익명적이고 객관화된 사유를 의미한다. 이렇게 객관화

과학적 담론에서, 저자에 대한 귀속은 중세시대에 필수적이었다. 왜냐하면 그것이 진리의 지표였기 때문이다. 하나의 명제는 과학적 가치조차도 저자의 주장으로 간주되었다. 17세기 이래로, 이 기능은 과학적 담론에서 끊임없이 삭제되었다. 이 기능은 하나의 공리나 효과에 혹은 하나의 예나 하나의 증후군 등에 이름을 부여하는 기능으로만 작용하였다.

— *OD*(*L'ordre du discours*), p. 29

된 사유는 더 이상 이론의 여지가 없는 거의 절대적인 진리로 환원되고 개인들은 더 이상 이에 대한 이견을 생각해 볼수가 없게 되는 것이다.

이 같은 현상은 소설이나 드라마, 시 등의 문학 담론에서도 동일하게 발생하고 있다. 사람들은 과거의 텍스트를 두고 그 텍스트의 내용에만 관심을 가지는 것이 아니라, 그 텍스트가 누구에 의해 쓰인 것인지, 그 내용의 숨겨진 의미가 무엇인지 그리고 작가의 생생한 삶과 실제의 역사 안에서 어떤 연관성과 의미를 가진 것인지를 파악하도록 요구받는다. 즉 작가의 이름을 둘러싸고 있는 모든 것이 통일성을 가지도록 설명을 요구한다. 이는 엄밀히 말해서 더 이상 작품에서 진실한 것들을 파악하거나 주관적인 감동을 가지고자 하는 것이 아니라, 객관화하고 정복하고자 하는 것이다.

이 설명을 통제 수단과 지배 방법으로 만든다. …
개인적 설명의 대상 및 전기 설명과 같은 기울기에 따라, 실제 존재에 대한 이 글은 더 이상 영웅적인 것을 이해하는 절차가 아니다. 그것은 객관화 및 정복의 절차로서 기능한다.

— 『감시와 처벌』, pp. 193-194

그래서 푸코는 생전에 이미 자신에 관한 전기적인 담론을 시도하고 글을 발표하였던 '디디에 에리봉'• 에게 이의를 제기하기도 하였고, 자신은 항상 "전기적 경험을 견디어

• 디디에 에리봉은 푸코 사망 후 5년 만에 '푸코의 전기'를 자신의 첫 저서로 출간했을 만큼 푸코 마니아라고 할 수 있는 학자랍니다. 그에 대해서는 1장 2절에서 이미 소개한 적이 있으니, 여기서 다시 다룰 필요는 없겠지요.

내어야만 했다"라고 말하였다. 푸코가 자신의 전기적인 글에 대해서 불만을 가졌고 또 견디어 내어야만 한 이유는 두 가지다.

첫째는 전기가 자신을 캐릭터화 혹은 신화화한다는 것에 있었고, 둘째는 전기에 묘사된 과거의 관심들은 현재로서는 거의 관심 밖이며 지금은 전혀 다른 관심이 그를 차지하고 있었기 때문이었다. 더 나아가 푸코는 자신에 대해 말하는 이의 명성이 사람들에게 필요 이상으로 맹목적인 믿음을 가지게 하고 개인적인 해석이나 주관적 판단의 여지를 박탈하게 한다고 보았다. 그래서 푸코 자신은 저명한 사람들의 텍스트보다는 오히려 무명이거나 익명의 저자가 쓴 텍스트를 더 좋아한다고 말하기도 하였다. 한마디로 푸코는 진실을 왜곡하는 일체의 말과 글들에 불편함을 가지고 있었다.

예컨대 푸코가 생각하는 '나는 누구인가'의 자기 동일성의 문제는 한 개인의 자아란, 유일한 혹은 이상적인 하나의 도식에 감금될 수 없는 '열린 자아'라는 것이다. 한 개인이란 필연적으로 다양한 자아—생물학적, 역사적, 문화적, 정치적, 종교적 차원에서—를 가질 수밖에 없으며, 이 다양한 자아들은 그가 처한 개별적이고 특수한 상황에 적합하게 적용되어 질 수밖에 없는 것이다. 또한, 시간의 흐름과 함께 변이를 겪을 수밖에 없는 것이 곧 한 개인의 자아라는 것이다. 우리는 이 같은 푸코의 사유가 "인간의 본질은 자유 그 자체이다"라고 말한 사르트르의 생각과 매우 유사함을 발견할 수 있다.

그런데 만일 나의 자아가 다수일 수밖에 없고, 상황에 따라 적절하게 다른 자아가 나타날 수밖에 없다고 한다면, 이는 일종의 '기회주의자의 행위'라고 볼 수도 있지 않을까요? 그리고 한 개인의 자아가 장소와 상황에 따라 달라진다고 한다면 이는 '다중인격자'와 어떻게 다른 것일까요?

이와 같은 비판은 당연히 예상되는 것이다. 그리고 이러한 비판은 푸코뿐만 아니라 대다수의 포스트모던 철학자들에게 주어질 수 있는 비판이다. 아마도 포스트모더니즘적인 사유에서 가장 취약한 부분이 있다면 자아에 대한 위와 같은 불분명한 태도일 것이다.

하지만 그렇다고 해서 자아에 대한 푸코의 사유를 '기회주의적 행위'나 '다중인격'의 개념에 적용하는 것은 푸코의 사유를 너무 단순화시키는 것이며 논리적인 비약이라고 할 수 있다. 왜냐하면 우선 '기회주의'란 도덕적인 문제가 내포된 개념이지만 푸코가 말하는 '열린 자아'는 최선의 결과를 위해 상황에 대처하는 것을 의미할 뿐 도덕적인 의미와는 무관하기 때문이다.

예를 들어 전통적인 유교 집안에서 한 젊은이만이 가족 중 유일하게 기독교 신자라고 할 때, 그는 가족적인 행사나 모임에서 '기독교 신자'로서 자신의 정체성을 드러내거나 부각시킬 필요가 없을 것이다. 비록 이념적으로 그는 기독교 신자로서의 자아를 지니고 있겠지만, 문화적으로는 유교적 자아를 가지고 있음이 분명하기 때문에 그는 자기 가족들과 함께 있을 때 유교적인 사람으로 처신할 수 있을 것이다. 이 같은 행동은 이기주의의 발로가 아니라 상대에 대한 배려라고 할 수 있다.

그리고 다중인격이란 어린 시절의 트라우마 등으로 인해 자신 속에 자신이 아닌 자아를 가지면서 스스로 자신이 누구인지에 대한 분명하고 통일된 의식이 없이 자신을 방어하기 위해 전혀 자신이 아닌 자아를 표출하는 일종의 정신질환을 의미한다. 하지만 푸코의 '열린 자아'는 그러한 허상을 가진 자아를 의미하는 것이 아니라, 스스로 자신이 누구라고 분명한 인식을 가진 자기의식이다. 다만 이 의식은 특정한 '구도'나 '체계' 속에 갇힌 자아가 아니라, 항상 새롭게 갱신될 수 있고, 또 상황에 따라 스스로를 적절하고 다양하게 규정할 수 있는 자유로운 자아를 의미하는 것이며, 한 개인의 자아는 결코 마스터될 수 있는 것이 아님을 강조하는 것이다. 따라서 중요한 것은 자아를 드러내는 자의 의도나 동기가 중요한 것이라고 할 수 있다. 물론 푸코가 한 개인이 전체적으로 통일된 하나의 자아(총체적인 자아)를 가지고자 하거나 이 같은 시도를 하는 것에 부정적인 생각을 가진 것은 당연할 것이다. 하지만 아마도 푸코는 이 같은 시도들이 진정 개인의 자발적인 자기 결정에 의한 것이라면 문제될 것은 없다고 생각했을 것이다.

3장

권력이 된 구조,
저항하는 자아

앤디 워쇼스키와 래리 워쇼스키 감독의 영화 「매트릭스The Matrix」는 기계가 인간을 지배한다는 암울한 미래사회와 기계의 지배로부터 벗어나고자 하는 인간의 저항을 그린 SF 영화이다. 이 영화는 줄거리를 설명할 필요가 없을 만큼 대중적으로 잘 알려졌으며, 그 구조가 복잡하기는 하지만 "우리가 살고 있는 이 현실은 정말 현실일까"라는 근본적인 물음을 가지고 있다. 영화는 사람들이 현실이라고 믿으면서 살고 있는 이 현실이 사실은 기계가 인간의 뇌 속에 조장한 거짓 현실(가상현실)이며, 인간은 기계적 시스템, 즉 매트릭스에 의해 사육되며 기계의 작용을 위한 에너지 공급원에 지나지 않는다는 충격적인 진실을 가정하고 있다. 그리고 예언에 의하면 언젠가 '구세주'가 나타나 인류를 기계적 지배로부터 해방할 것이라고 되어 있는데, 그 주인공이 바로 '네

오'이다. 구세주인 네오를 찾아낸 모피어스, 네오의 조력자이자 가장 친한 벗이 된 트리니티, 그리고 이들과 함께 기계적 시스템에 저항하는 동료들이 사투를 벌이는 것이 이 영화의 내용이다.

영화의 설정은 먼 미래에 있을 법한 매우 비현실적인 내용이지만 인류가 점점 더 기계적인 시스템의 편리함에 길들여져 간다는 것은 부정할 수가 없다. 그렇기 때문에 이 영화는 일종의 상징적인 이야기로 볼 수 있다. 그리고 영화가 가진 철학은 너무나 단순하다. 그것은 시스템 속에서 마치 사물처럼 변질된 인간으로 하여금 자신의 자유와 진정한 자아를 회복해야 한다는 것이다. 그것이 아무리 달콤하다고 해도 만일 그것이 실재가 아니고 가상이거나 거짓이라면 그 거짓으로부터 벗어나 자유롭고 주체적인 삶을 살아야 하는 것이 '인간다운 삶'이라는 것이다.

철학자 푸코가 대중들에게 던지는 마지막 메시지도 이와 유사하다. 푸코는 현대사회에서는 여러 가지 이유로 개인들의 개성과 자유를 억압하는 전체주의적 사회 시스템이 대중들을 지배할 것이라 보았고, 그는 어떻게 이 같은 전체주의적 시스템으로부터 벗어나 자유로운 인간으로 살아갈 수 있는지를 고민하고 우리에게 메시지를 던지고 있다. 점점 강화되는 시스템의 지배하에 부-자유를 느껴 본 사람이라면 누구나 한 번쯤 푸코의 외침에 귀를 기울여 볼 필요가 있을 것이다.

⦿ 욕망은 권력의 획득으로 표출된다

사회비판철학자로서 푸코의 학문적 관심사는 거의 정치적이다. 다시 말해서 사회를 지배하고 사회 구성원 개개인을 억압하는 구조화된 권력이 어떠한 모습으로 나타나고 있으며, 또 어떻게 진화해 가고 있는지, 나아가 이 같은 억압의 요소들이 어떻게 현실의 실재를 왜곡하고 있는지를 날카롭게 비판하고자 하는 것이다. 그는 현대사회의 구조를 형성하는 지반 그 자체를 일종의 '권력관계'를 형성하는 전략처럼 파악하고 있다.

자신들이 행사하는 분야에 내재되어 있으며 자신들의 조직을 구성하고 있는 권력에 대한 관계들의 다양함; 끊임없는 투쟁과 대립을 통해 이 관계들을 변형하고, 강화하고, 전복시키는 게임; 이러한 권력관계들이 사슬이나 시스템을 형성하는 방식으로 서로에게서 발견되거나 혹은 정반대로 서로를 분리시키는 괴리와 모순으로 발견되는 지반들; 마지막으로, 그 전략이 효과를 내고, 그 일반적인 설계 혹은 제도적 결정이 국가기구들에서, 법률의 제정에서, 사회 헤게모니에서 구체화되는 전략stratégie … 이것이 불평

등을 통해 권력의 상태를 지속적으로 유도하지만 항상 지엽적이고 불안정할 수밖에 없는 권력의 관계들rapports de force의 유동적인 지반이다.

— VS(*La volonté de savoir, 지식에의 의지*), pp. 121-122

한 사회의 구조를 이렇게 '권력투쟁의 전략'처럼 고려한다는 것은 매우 정치적인 관점이다. 그리고 만일 우리가 정치적인 관점에서 사회를 고찰한다면 이 같은 푸코의 통찰이 잘못된 것이라 말할 수는 없을 것이다. 모든 것이 구조를 형성

하고, 이 구조를 떠받치고 있는 근본적인 동력이 욕망이라고 할 때, 이 욕망은 곧 권력을 쟁취하고자 하는 힘처럼 나타난다는 것이 푸코가 본 인간사회의 모습이다.

하지만 하나의 사회란 마치 살아 있는 유기체와 같은 것이어서 매우 복합적이고 복수적인 실존의 계층을 가지고 있지 않나요? 이 복합적인 실존의 계층을 오직 정치적인 관점(권력구조의 관점)에서만 고찰하고 분석하고자 한다는 것은 너무 일방적이지 않을까요?

물론 인간사회의 모습을 구조라는 관점에서 본다 하더라도 유독 이 구조를 '권력의 추구'라는 일종의 정치적인 관점에서만 바라볼 수는 없을 것이다. 이것을 다양한 다른 관점들, 가령 '생존의 방식'이나 '가치의 실현' 혹은 '도덕의 추구'나 '자아의 실현'이라는 차원에서 바라볼 수도 있을 것이다. 하지만 푸코에게는 '욕망이 가장 근원적인 힘'처럼 보였고,

그는 이 욕망이 실현되는 과정이 곧 '권력을 추구하는 것'으로 표출되고 있다고 본 것이다. 아마도 푸코에게는 이 같은 모습이 가장 인간적 행위의 솔직한 모습이라고 생각되었을 것이다. 어쩌면 푸코는 세계를 구성하고 인간적 삶을 이루는 근원적인 형이상학적 힘이 "권력에로의 의지"라는 니체의 생각에 깊이 공감하였을 것이다.

푸코는 인간의 욕망이 표출되는 가장 원초적인 것을 '성에 대한 추구'로 보았다. 그래서 1976년 이후 출간한 세 권의 책 『지식의 의지*La Volonté de savoir*』, 『즐거움의 향유*L'Usage des plaisirs*』 그리고 『자기 배려*Le Souci de soi*』를 하나의 큰 제목인 『성性의 역사*Histoire de la sexualité*』 아래 시리즈처럼 1, 2, 3부로 출간하였던 것이다. 앎을 추구하고, 즐거움을 향유하며 나아가 자기 자신(의 정체성)에 대해 고민한다는 것은 모든 인간이 가진 가장 일반적인 욕구라고 할 수 있다. 이 보편적이고 일반적인 인간의 욕구를 '성의 역사' 아래 묶는다는 것은 그만큼 '성에 대한 추구'가 인간의 가장 원초적이고 기본적인 욕구이며, 나머지 모든 욕구들은 이 같은 기본적인 욕구의 확산이거나 혹은 동일한 원리 아래에서 작용하고 있다는 것을 말해 준다. 예를 들면 푸코는 성에 관한 담론이 정치적 혁명의 원리와 동일하며, 또한 현재의 자본주의에서 성 담론은 자본의 문제와 직접적인 연관을 가지고 있다고 보았다.

우리는 수십 년 전부터 성에 관해 이야기할 때 거의 언제나 약간 당당한 태도, 즉 기존의 질서에 도전한다는 의식, 스스로 전복적인 것이라는 것을 알고 있음을 표시하는 의조, 현재를 넘어서서 미래를 앞당기려는 조급한 열정을 내보인다. … 혁명과 쾌락이 은연히 공존할 수 있게 되는 것은 바로 성의 억압이 단언되기 때문이다.

— 『성의 역사1, 지식의 의지』, p. 14

요컨대 우리의 문명은 모든 사람이 자신의 성에 관해 털어놓는 속내 이야기를 담당자들이 주의 깊게 들어 주고 보수를 받는 유일한 문명이다.

— 『지식의 의지』, p. 15

즉 푸코의 시선에서 정치적인 혁명이라는 것은 '기존의 질서에 대한 도전'이라는 근본적인 욕망이 작용하고 있는 것이다. 그리고 이는 금기시된 성에 관한 담론을 극복하고자 하는 곳에서 그 근원적인 원리를 발견하고 있다. 마찬가지로 푸코는 자본주의가 거의 보편적으로 작동하고 있는 현대사회에서의 '성에 관한 담론'을 그 자체로 일종의 '상품의 창출'로 보고 있다.

철학적 관점의 이 세 가지 시리즈에서 푸코가 말하고 있는 것을 모두 열거할 필요는 없을 것이다. 왜냐하면 어차피 푸코의 학문적 작업은 일종의 고고학적인 작업으로서 마치 화석처럼 발견되는 문서 속의 지식이나 관습 등을 자신의 관점, 즉 '권력의 추구'라는 관점에서 재정립한 것이기 때문이다. 따라서 이 책들 안에서 말하고 있는 세부적인 내용들을 열거하는 것은 철학적 이해에 크게 도움이 되지는 않을 것이다. 그보다는 모든 사회적인 문제 안에서 마치 하나의 범형範型처럼 주어져 있는 '권력에의 추구'와 '성에 관한 문제'의 본질을 이해하는 것이 도움이 될 것이다. 푸코는 근현대의 성에 관한 담론이 '사람들 사이의 관계'를 매우 육체적인 것으

잠깐!!!

푸코에게 성이란?

그런데 푸코가 인간행동이나 사회의 가장 원초적인 원리를 '성에 대한 추구'로 본 이유는 무엇이었을까요? 다른 관점, 가령 '소유욕'이나 '명예욕' 혹은 '성취욕' 등을 원초적인 원리로 가정할 수도 있지 않았을까요?

아마도 그 이유는 푸코가 당시에 유행하였던 프로이트의 심리학 이론에 영향을 받았기 때문인 것 같아요. 프로이트는 인간의 가장 기본적이고 원초적인 욕망을 '리비도libido'라는 개념으로 설명하였는데요. 리비도는 인간이 본성적으로 가지게 되는 성적 욕구로 성본능性本能, 성충동性衝動이라 불린답니다. 물론 이 말은 단순한 성욕을 지칭하는 것이 아니라, 욕망이 만족을 향해 움직일 때 동원되는 가장 원초적인 본능적 에너지라 칭할 수 있지요. 다만, 가장 분명하게 표출되는 사춘기 시절의 욕망을 성 욕구라고 말할 수 있으며, 이후 리비도는 도덕의식이 성장하면서 억압받게 된다고 보았답니다.

로 변화시켰다고 분석하고 있다.

성애la sexualité는 최근의 권력 장치들과 연결되어 있다. 성
애는 17세기 이후로 꾸준히 확장되었다. 이후 이를 유지해
온 배열은 이를 재생산하도록 명령할 필요가 없었다. 그것
은 처음부터 신체의 강화처럼, 마치 지식의 대
상처럼 그리고 권력관계의 요소처럼 가치
화하기에 연결되어 있다. … 사람들은 관
계에 관한 문제 제기에서 육체에 관한 문제
제기로 이동한 것이다.

— VS, pp. 141-142

과거에 '관계에 대한 문제 제기'였던 것이 현재에는 '육체
에 관한 문제 제기'로 변하였다는 것은 무엇을 의미하는가?
일반적으로 사람 사이의 관계성에 대한 문제란 곧 윤리·도
덕적인 문제를 의미한다. 즉 과거에는 사람들이 주로 윤리·
도덕적인 문제에 대해 관심을 가지고 의문을 던지거나 반론
을 제시하였지만, 이 같은 관심이 현대로 올수록 남녀 관계,

특히 육체로 상징되는 감각적 향유와 성적 쾌락에 관한 관심과 이의 제기로 변했다는 것이다. 즉 지금까지 금기시되어온 모든 성에 관한 담론이 현대에 봇물처럼 쏟아지면서 지식의 생산, 자본의 생산, 그리고 권력의 생산이라는 적극적인 가치로 전환되고 있음을 말하는 것이다. 보다 비판적으로 말하자면 현대문화가 성에 관한 담론을 마치 가장 기초적이고 근본적인 권력 추구의 한 수단처럼 혹은 최고의 상품처럼 고려할 만큼 변질되었다고 보는 것이 푸코의 진단이다.

○ 비판적 사고와 '권력 장치'

현대사회에 대한 푸코의 분석은 어느 정도 일방적인 측면이 있는 것이 사실이다. 그렇기 때문에 오히려 그의 분석 자체가 현대사회와 문화에 대한 우회적인 비판이라고 할 수 있을 것이다. 그리고 우리는 그의 저작들이 거의 모든 분야에 관해 비판적 시각을 견지하고 있음을 볼 수 있는데, 그런 의미에서 푸코의 사상을 '사회비판철학'이라고 불러도 좋을 것이다. 그의 비판은 결코 현학적이거나 복잡하거나 모호하지 않고, 매우 현실적이고 단순하며 분명하다. 당시 사회에 대한 그의 비판 중 대표적인 몇 가지를 살펴보면 아래와 같다.

첫째, 자본을 통한 지배로 인해 발생하는 '사회적 양극화'에 대한 비판이다. 푸코는 "돈 때문에 가정은 어느 다른 곳보다도 더 압제적이게 된다. 가령 부유한 가족의 딸들만이 결혼의 방도를 찾아낼 뿐이고…"(VS, p. 227)라고 말하는가 하면, "상업 국가는 광기를 결정하는 요소이다"(VS, p. 578)라고 말하고 있기도 하다.

둘째는 자아를 부인하도록 하는 종교에 대한 비판이다. 그는 "종교에서의 자기 검증은 근본적으로 자신을 포기하는 것과 연결되어 있다"(VS, p. 145)라고 말하고 있는데, 이는 종교에서 요구하는 사유와 행동을 따르기 위해서는 자아를 포기할 수밖에 없음을 의미한다. 나아가 그는 "종교의 너무 심한 도덕적 엄격성, 구원과 미래의 삶에 대한 너무 심한 불안은 흔히 우울증을 유발하기에 충분하다"(VS, p. 578)라고 지적하기도 한다.

셋째는 성의 불균형에 대한 비판이다. 그는 "한 사회에서 성에 대한 담론이 금지와 금기를 동반하고 있다면, 그 이유는 (그 사회가) 근본적인 방식으로 전체적인 성적 불균형을 확고히 하였고, 이를 용인하고 보장했기 때문이다"(VS, I, p. 71)라고 말하고 있다. 다시 말해서 한 사회가 성에 대한 담론을 금기시하는 것은 성에 관한 자유로운 담론이 성적 불균형을 용인하고 있는 그 사회의 치부를 드러내기 때문이라고 보는 것이다.

넷째는 당시의 정신분석학과 관련된 의료 시스템에 대한 비판이다. 그는 당시 정신분석학에 대해 다음과 같이 비판하고 있다. "퇴폐들(perversions, 변태들)에 관한 위대한 의학-심리학médico-psychologique 분야가 방탕이나 과잉이라는 오래된 도덕적인 범주를 이어받았다. … 19세기 말에 정신분석학이 가졌던 유일한 관점은 이와 관련된 큰 퇴행적인 시스템을 보지 못한다면 이해하기가 매우 어려울 것이다. 정신분석학은 성적인 충동에 특화된 의료기술의 프로젝트를 다시 취하였다"(VS, p. 159). 푸코는 과거의 윤리·도덕적인 문제가 19세기 말의 정신병원의 탄생과 더불어 성적인 정상과 비정상의 문제로 대체되고 있다고 분석하며, 이를 마치 사회 시스템의 퇴행이라는 큰 물결의 한 줄기로 간주하고 있는 것이다.

그리고 마지막으로 푸코가 가장 힘주어 비판하고 있는 것은 무엇보다 '디스포지티프dispositif' 즉 '권력 장치'에 관한 것이다. '권력 장치'란 담화, 제도, 건축 배치, 규칙 및 법률 등으로 구성된 하나의 이질적 총체un ensemble hétérogène를 말하는 것이다. 보다 일상적인 언어로 말하면 권력이 된 '사회 시스템'이라고 할 수 있다. 이 시스템은 서로 다른 요소들 사이에 설정된 네트워크로 표시되며 항상 권력 관계의 일부를 이루고 있다. 이 장치는 본질적으로 전략적 기능을 가지며 전염병의 확산과 같은 비상사태에 대응하도록 설정된다.

푸코는 오늘날 현대인의 행동에 가장 직접적으로 영향을 미치는 것이 바로 이 '권력 장치'라고 진단하고 있다. 그는 이 장치를 "강압에 의해 행동하며 육체와 정신들을 통제하는 것을 목표로 하는 사회적 프로젝트의 장場"으로 규정하기도 한

다. 이 같은 '권력 장치'들이 보다 강력해질수록 사회는 보다 '통제적이고 획일적'이게 된다.

현대사회의 사회적 양태에 대한 푸코의 비판 요약		
경제	자본의 양극화에 대한 비판	자본을 통한 지배는 사회적 양극화를 심화시킨다.
종교	종교의 자기 검증에 대한 비판	고백의 형식으로 이루어지는 종교의 자기 검열은 개인의 자아를 부인하게 하는 것이다.
성	성의 불균형(불평등)과 상품화에 대한 비판	과거의 성에 관한 담화에서 금지와 금기는 성적 불균형을 용인한 사회의 자기 치부를 감추기 위한 것이었고, 현대에는 성에 관한 담론을 소비 상품처럼, 그리고 권력의 요소처럼 양산하고 있다.
의료	정신분석과 관련된 의료 체계에 대한 비판	의학–심리학médico-psychologique의 분야는 과거의 방탕이나 과잉의 도덕적인 문제를 '퇴폐' 혹은 '변태'라는 정신–정신학적 문제로 다시 취하고, 정신분석학은 성적인 충동에 특화된 의료기술의 프로젝트를 다시 취하고 있다.
권력 장치	권력 장치에 대한 비판	네트워크를 통한 다양한 이질적인 분야의 총체라고 할 수 있는 '사회적 시스템'이 곧 '권력 장치'이다. 이는 육체적 정신적 행위에 대한 통제 시스템을 의미하며, 대중 행위의 보다 큰 균질화를 야기하여 자아의 부재를 심화시킨다.

푸코는 이 같은 권력 장치의 상징적인 예를 교도소, 병원, 병영 등에 있는 '징계 장치'로 보고 있다. 이곳에서 개인은 실수나 범죄를 저지르면 처벌을 받게 되고 반대로 선한 행위를 하게 되면 보상을 받게 된다. 그리고 이 시스템 안에서 보상은 징계보다 더 빈번하여야 한다. 이 같은 조치들이 궁극적으로 유도하는 것은 "이질적인hétérogène 행동을 줄이고 균질적인 행동을 야기하는 것s'homogénéiser"이다. 대중들이 균질한 행동을 가지게 될수록 보다 통제가 수월하기 때문이다. 푸코는 이 같은 사회 시스템 안에서는 성에 관한 담론 역시 일종의 권력 장치와 연결되어 있으며, 마치 소모해야 될 상품처럼 재생산되도록 명령받는다고 진단한다. 즉 "성이 권력 장치의 중요 요소로서 그리고 지식의 대상으로서 자리 잡게 된 것이다"(VS, p. 141).

그런데 한 사회가 가진 문제를 오직 사회 시스템의 문제, 즉 사회구조적인 문제로 바라본다는 것은 좀 일방적인 면이 있지 않나요? 사회 구성원들의 의식이나 관습, 나아가 행동의 변화는 사회적 시스템의 변화에도 원인이 있겠지만, 개개인의 가치관의 변화나 생활양식의 변화에 기인하는 면도 있지 않을까요? 푸코가 사회적 문제를 유독 사회구조나 시스템의 문제에 초점을 맞춘 이유는 무엇인가요?

푸코가 당대의 사회문제를 사회 시스템의 문제로 접근한 것은, 그가 포스트모더니즘의 사상가라는 이유로부터 당연한 귀결이라고 볼 수 있다. 왜냐하면 이들에게 있어서 인간 행위의 근본적인 원인 혹은 원리가 되는 본성이나 본질 또는 실체 같은 것은 존재하지 않기 때문이다. 아니면 최소한 이 같은 개념들 역시 실재라기보다는 이성이 인간현상을 설명하기 위해서 고안해 낸 하나의 '발명품', 즉 도식이나 구조에 지나지 않는 것으로 보기 때문이다.

결국 푸코는 현상이나 문제의 원인을 추구하고자 하는 그

출발점에서 이미 잠정적으로 결론을 가지고 있다. 다만 그 과정에서 어떠한 도식이나 구조를 통해 보다 설득력 있게 설명할 수 있는가 하는 것만을 문제 삼는 것이다. 푸코가 사회현상이나 인간현상을 설명하면서 우선적으로 사회구조적 문제 혹은 시스템의 문제에 무게를 두었다는 것은 그가 사상의 노선이라는 측면에서 좌파적인 노선에 서 있기 때문일 것이다. 만일 그가 우파적인 사상가였다면 그는 우선적으로 개개인의 의식 문제나 도덕성이나 가치관의 문제에 접근하였을 것이다.

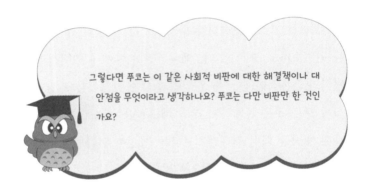

그렇다면 푸코는 이 같은 사회적 비판에 대한 해결책이나 대안점을 무엇이라고 생각하나요? 푸코는 다만 비판만 한 것인가요?

철학자로서 푸코가 가진 가장 취약점이라고 한다면 그것

은 문제의 해결책이나 대안점을 가지는 데 있어서 빈약하다는 것이다. 보다 정확히는 그의 답변이 구체적이지 않다는 것에 있을 것이다. 사회학자들이 사회현상을 고찰할 때 그들은 자기주장이나 당위성에 대해서는 거의 얘기하지 않는다. 왜냐하면 그들은 객관적인 기준에서 가급적 '사실'이나 '사태'를 분석하는 것을 목적으로 하기 때문이다. 이렇듯 푸코의 학문적 방법이 마치 고고학자들이나 사회학자들이 행한 방식을 차용하고 있다는 차원에서 그의 학문은 문제의 진단에 우선적으로 초점을 맞추고 있으며, 해결책에 대한 자기주장이나 대안점을 제시하는 데는 빈약할 수밖에 없다. 그럼에도 푸코가 전혀 대안점이나 해결책을 제시하지 않는 것은 아니다. 푸코가 제시하는 대안점은 '새로운 형태의 주관성'을 가지는 것이다.

오늘날 우리가 직면하고 있는 정치적이고 동시에 윤리적이며 또한 사회적이고 동시에 철학적인 문제는 개인을 국가와 그 제도로부터 해방

시키는 것이 아니다. 오히려 이 문제와 관련되어 있는 우리를 우리 자신으로부터, 국가로부터 그리고 개별화의 유형으로부터 해방시키는 것이다. 우리에게 '주관성의 새로운 형태nouvelles formes de subjectivité'를 장려해야만 한다.

— *VS*, p. 156

강화된 '권력 장치' 혹은 '사회적 시스템'이 사회 구성원들을 보다 강력하게 통제한다는 것은 개개인의 사유나 행위가 '시스템의 통제'에 의해 지배를 받게 된다는 것이며, 사유와 행위가 균등화 혹은 획일화됨을 의미한다. 이는 곧 개별성의 빈약함, 개인의 자유에 대한 억압, 다양성의 소멸 등 매우 비-인간적인 삶의 양식이 지배하게 됨을 의미한다. 따라서 이 문제를 해결하기 위해서는 외적으로 개개인의 행동이 전체주의화된 제도나 시스템으로부터 독립하고 해방되는 것을 지향해야 한다.

하지만 만일 개개인이 스스로 주관성을 확보하지 못한다면, 이 같은 해방은 다만 또 다른 시스템이나 사회구조를 가질 뿐 진정한 해방을 야기하지는 못할 것이다. 즉 비유적으로 말하자면 "고양이를 피하려다 호랑이를 만나게 되는 사태"를 야기할 수도 있다는 것이다. 따라서 이 같은 문제에 대한 근원적인 해결책은 다만 제도나 시스템으로부터 해방되는 것이 아니라, 자기 자신을 자신으로부터 해방하는 것, 즉 새로운 형태의 주관성을 확보하는 것이다.

그런데 새로운 형태의 주관성이란 구체적으로 무엇을 말하는 것인가? 우리는 '사회적인 모범생'이 자기 인생에 있어서는 실패하는 경우를 종종 볼 수 있다. 그 이유는 사회적 모범생은 사회적 시스템이나 구조에 아주 잘 적응하고 이에 잘 따를 수는 있겠지만, 이것이 개인의 개별적인 삶의 의미나 가치 혹은 자아의 실현까지 직접적으로 이어지는 것은 아니기 때문이다. 다시 말해 사회적 시스템에 대한 과도한 순응은 오히려 자아의 부재를 야기한다는 것이다. 따라서 푸코가 말하는 '주관성의 새로운 형태'란 자신에게 행위의 원리가 되었던 기존의 '시스템에 적응된 자아'로부터 벗어나 '나의 개별성과 자아'를 충분히 실현해 줄 수 있는 '새로운 자율적인 행위 원칙이나 행동 수칙'들을 가지는 것을 의미한다. 바로 여기에 비판적 사고의 궁극적인 목적이 있는 것이다.

○ 새로운 형태의 주관성과 정치적 영성

푸코가 말하는 '새로운 형태의 주관성'이 구체적으로 묘사되고 있는 하나의 예를 들자면, 그가 말한 '정치적 영성la spiritualité politique'이 있을 것이다. 푸코가 한때 학자이자 기자 신분으로 이슬람 국가인 이란을 방문하였을 때였다. 그는 독재자의 군대가 주저 없이 데모하는 군중에게 총을 쏘는 것을 목격하였다. 그는 귀국 후에 스스로에게 다음과 같이 묻고 있다.

> 이란의 땅에서 살고 있는 이 사람들에게 자신들의 생명을 희생하면서까지 추구하고자 하는 이것이 그들에게 무슨 의미가 있는가? 우리들에게 있어서는 르네상스 시대와 기독교의 큰 위기 이후로 그 가능성을 잊고 있었던 이것은 곧 '정치적인 영성'이다. 나는 이미 웃고 있는 프랑스인들의 목소리를 들을 수 있다. 하지만 나는 프랑스인들이 틀렸다는 것을 알고 있다.
>
> — *DE*, II, p. 694

푸코는 자신의 관심사가 종교적인 것에서 정치적인 것으로 이동하는 것이라는 사실을 분명하게 인지한 뒤 다음과 같이 질문하고 있다.

영성spiritualité에 대한 장애물이 아니라, 영성의 용기가 되고, 기회가 되고, 그 발효가 될 정치적인 삶이란 어떠한 것일까?

— *DE*, II, p. 693

이 질문에는 "정치적 영성"이 무엇을 의미하는지가 분명하게 드러나 있다. 사람들은 흔히 '종교의 정치적인 참여는 정당한가? 혹은 부당한가?'를 묻곤 한다. 그리고 종교의 정치적 참여에 대해서 긍정하는 이도 있고 부정하는 이도 있다. 하지만 일반적으로 많은 사람들은 종교인의 정치적인 참여를 부정적으로 생각하고 있다. 그 이유는 크게 세 가지로 들 수 있을 것이다.

첫째, 종교와 정치는 그 범주가 분명히 구분되며, 각자는 자신의 분야에 최선을 다하기만 하면 된다고 생각하기 때문이다. 둘째, 정교일치政教一致 사회에서 정교분리 사회로의 이행은 자연스러운 역사적 흐름이었고, 이는 진보 혹은 선진화를 의미하기 때문이다. 셋째, 종교가 정치적인 세력과 결탁하거나 정치적인 목적을 가지게 되면 타락할 수밖에 없다고 생각하기 때문이다.

반면 종교의 정치적인 참여를 긍정하는 이들은 종교의 사명 중의 하나인 '예언자적인 역할'을 들고 있다. 종교란 일종의 인생의 등불이기 때문에 사회가 타락하거나 정의롭지 못할 때, 종교인이 과감하게 진리와 정의를 선포하고 올바른 목소리를 내어야만 한다고 생각하는 것이다. 그럼에도 불구하고 이 같은 종교의 정치적인 참여는 잠정적이고 한시적인 것이며, 사회가 정상으로 회복되면 종교인들은 자신들의 본연의 모습으로 복귀해야 한다고 생각하고 있다. 즉 종교가 지속적으로 정치적인 문제에 관여하면 종교인은 순수성을 상실할 수밖에 없고, 정치적인 것은 영성을 방해하게 될 것이라는 것이 일반적인 생각이다.

그런데 푸코가 말하는 '정치적인 영성'이란 '정치적인 것'이 종교적인 삶, 즉 영성에 방해가 되는 것이 아닌 오히려 영성의 삶을 살아가는 데 힘이 되고 영성을 보다 성숙하게 발전시키는 그 무엇을 말하는 것이다. 이 같은 푸코의 사유는 얼핏 보기엔 종교와 정치의 정당하고 행복한 일치를 지향하는 것 같지만, 사실상 그 본질에 있어서는 여전히 두 분야 간의 분리(정교분리)를 의미하는 것이라고 볼 수 있다. 왜냐하면 푸코가 말하는 '정치적인 영성'이란 구체적이고 정확한 제도적인 형태를 취할 수 없는 일종의 '이상적인 이념'이나 '이념을 향한 운동'과 같은 것이기 때문이다. 만일 이 영성이 어떤 특정한 제도하에 정착하게 된다면, 즉 현실에 굳건하게 뿌리를 내리게된다면 그것은 더 이상 영성이 아니라, 단순히 정치적인 것이되어 버리기 때문이다. 그래서 푸코는 정치적인 영성에는 제도적인 것으로 '환원이 불가능한 그 무엇'이 들어 있다고 본다.

그렇기 때문에 정치적인 영성의 움직임 안에서 환원 불가능한 어떤 것을 이끌어 내어야 한다. 이 운동에는 모든 전체주의를 심오하게 위협하는 그 무엇이 있다.

— *DE*, II, p. 793

푸코가 말하고 있는 '모든 전체주의를 위협하는 그 무엇'이란 무엇일까? 그것은 이 지상에서 일체의 규정된 제도적인 완결성을 거부하는 일종의 '진리를 향한 중단 없는 자유'를 의미하는 것이다. 그리고 이 같은 힘이 그 어떤 전체주의라도 위협할 수 있다는 것은 또한 이 정치적인 영성이 그 어떤 정치적인 명분으로도 지워 버릴 수 없는 '일종의 신성불가침의 권리'를 지니고 있음을 말한다. 푸코는 이 정치적인 영성의 본질적인 속성을 다음과 같이 규정하고 있다.

> 이 운동은 무기를 가지지도 않고, 개인의 이익이나 기업의 이익도 지향하지 않고, 어떤 프로그램도 없다. 언뜻 보기엔 내용도 수단도 없는 틈새 운동 같지만, 이와는 정반대로 이 운동의 벌거벗음 안에서 이 운동의 진리가 나타난다. 이 운동은 우회적일 수가 없고, 회수될 수도 없다. 왜냐하면 이 운동에는 고유하게(개별적으로) 소유하고 있는 것이 아무것도 없기 때문이다. 이와 같은 운동 안에서

정치적인 계산이 어디에 자리 잡을 수 있을 것인가?

— *DE*, II, p. 716

정치적 영성의 운동 안에서 정치적인 계산은 어디에도 자리를 잡을 수가 없다. 왜냐하면 이 운동은 아무런 장소도 가지고 있지 않기 때문이다. 즉 구체적인 어떠한 정치적 체제를 가지고 있지 않기 때문이다. 여기서 푸코가 강조하는 것은 '정치적 영성'은 본질적으로 하나의 운동으로 나타나며, 그렇기 때문에 사상이나 이론, 혹은 정치체제와 같이 '무엇'이라 이름 붙일 수 있는 '형식'이나 '구조'를 가지지 않는다는 것이다. 이는 마치 '도를 무엇이라 말할 수 있다면 이미 도가 아니다'라고 하는 도의 초월성과 유사한 것이다. 그래서 그는 이 정치적 영성의 운동에 대해 다음과 같이 진술하고 있다.

어떤 운동을 통해서 한 사람이, 한 집단이나 소수 집단이 혹은 한 민족 전체가 '더 이상 순종할 수가 없다'고 외치면서, 자신이 부당하다고 생각하는 권력 앞에서 자신의 생명의 위협을 감수하게 될 때, 이 운동은 나에게 있어서 (그 어떤 다른 것으로) 환원이 불가능한 irréductible 것처럼 보인다. 왜냐하면 그 어떤 힘도 이 운동을 불가능하게 할 수는 없기 때문이다.

— DE, II, pp. 790-791

아마도 정치적 영성에 대한 이 같은 푸코의 사유에 가장 적절한 용어가 있다면 그것은 '진리를 향한 비-규정적이고 무-제약적이며 거의quoisi 절대적인 몸짓'이라고 할 수 있을 것이다. 이 운동이 그 어떤 특정한 사상의 틀이나, 정치적인 형태에 국한되지 않는다는 차원에서 이 운동이 우리에게 발생하기 위한 가장 우선적인 조건은 '그 무엇이 우리 자신을 역사로부터 빼내어야 한다'는 것이다. 이 무엇은 나의 이익도 우리 자신의 이익도 아닌 것이어야 하며, 오직 억압에 저항하고 비-진리에 항거하며 진리와 빛을 향한 내적인 움직임이어야만 한다. 그리고 이 내적인 움직임이 '운동'이라는 형태로 우리들의 삶을 억압하는 권력 앞에 노출시켜야 하는 것이다. 푸코는 이 무엇을 "영성의 필연성에 대한 분명함

l'évidence de la nécessité d'une spiritualité"(DE, II, p. 898) 이라고 칭하고 있다. 아마도 우리는 이 무엇을 "도무지 알 수 없는 것이지만 우리 자신을 절대적인 것으로 무한히 나아가게 하는 부정할 수 없는 내적인 힘"이라고 말할 수 있을 것이다. 어쩌면 푸코의 용어를 빌려 '우리 시대의 새로운 광기'라고도 할 수 있을 것이다.

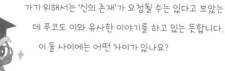

그런데 푸코의 '영성의 필연성'은 마치 칸트가 말했던 '요청된 신'의 개념과 다르지 않은 것 같습니다. 칸트는 신이 존재하는지, 존재하지 않는지 또는 신이 무엇인지에 대해서 인간의 이성은 알 수 없다고 말하기도 했는데요. 그럼에도 칸트는 평범한 사람들이 보다 도덕적인 삶을 살아가기 위해서는 '신의 존재'가 요청될 수는 있다고 보았는데 푸코도 이와 유사한 이야기를 하고 있는 듯합니다. 이 둘 사이에는 어떤 차이가 있나요?

칸트가 말하고 있는 '요청된 신'의 개념에서 '신'이란 개개인의 윤리적 행위를 심판하는 기독교적 신을 의미한다. 즉 신에 대해서 인간은 전혀 알 수가 없지만, 철학을 하지 않은 일반인들에게 윤리·도덕적인 삶이 실효성을 가지기 위해서는 각자의 윤리·도덕적인 행위에 대해 심판을 하는 '신'이 요청될 수 있다고 보는 것이다. 이러한 차원에서 칸트의 요청된 신의 개념은 푸코가 말하고 있는 '영성의 필연성'과는 전혀 다른 의미이다.

푸코가 말하고 있는 '영성의 필연성'이란 인간은 그 어떤 정치적인 체제나 철학적, 종교적 사상에도 만족할 수 없으며, 부당함과 억압에서 벗어나고자 하는 끊임없는 갈망, 진리와 자유를 향한 갈망이 있다는 것을 말하는 것일 뿐, 구체적인 창조주나 절대자를 염두에 둔 것은 아니기 때문이다. 이 같은 인간의 갈망을 '영성'이라고 말할 수 있는 것은 이 갈망이 지상의 그 어떤 특정한 구체적인 '선'을 지향하는 것이 아니기 때문이다. 어쩌면 푸코는 인간에게는 '절대적인 것' 혹은 '이상적인 것'이 가능성으로 주어져 있어서, 지상의 그 어떤 사상이나 종교, 혹은 정치체제가 제시하는 것에도 만족하지 않고 무한히 진리와 빛을 향해 나아가고자 하는 '자유에 대한 갈망'이 있다고 보는 것 같다. 그래서 푸코에게는 이

지상에서 실현되는 그 어떤 유토피아도 일종의 이데올로기에 지나지 않는 것이다. 이 때문에 푸코는 세상이 변해야 한다고 말하면서도 항상 그보다 먼저 '우리 자신'이 바뀌어야 한다고 주장하고 있는 것이다.

> 우리는 이 부패한 사람들을 바꿔야 하고, 우리는
> 나라의 모든 것을 바꿔야 합니다. … 그러나
> 무엇보다도 우리는 스스로를 바꿔야 합니다.
>
> — *DE*, II, p. 749

여기서 바뀌어야 하는 '우리 자신'이란 기존의 사회적 구조나 시스템에 '길들여진 우리 자신'을 말하는 것이다. 따라서 푸코가 말하는 정치적 영성이란 엄밀한 의미에서 기존의 그 어떤 특정한 종교에서 말하는 영성과는 다른 것이다. 이는 구조화되고 규정된 일체의 '사상의 도그마나 정치체제'에 안주하고자 하는 자아를 거부하고, 끊임없이 진실과 올바름, 자유와 정의, 그리고 새로움을 갈망하는 '중단 없는 영혼의 움직임'을 지향하는 것 그 자체를 말하는 것이다. 그래서 푸코는 이를 '완전히 새로운 형태의 주관성'이라고 말하고 있다. 이 영성은 사상이나 정치 이념을 넘어서는 일종의 '라이프 스타일'을 의미하고, 필연성과 결정론, 그리고 역사의 혼란을 떨쳐 내면서 무한히 진리에 다가서고자 하는 새로운 주체성 그 자체를 말하는 것이라고 할 수 있다.

'편하게 만나는 프랑스 철학'의 마지막 편인 『푸코와의 1시간』에 대해 글을 쓰면서 이전의 다른 철학자들에 비해 가장 많이 고민하였다. 푸코는 그만큼 가장 많은 시간과 노력을 기울인 사상가라고 할 수 있다. 그 이유는 두 가지였다.

　우선 푸코는 내가 관심을 가지고 지속적으로 논문을 쓰거나 글을 써 오던 다른 프랑스 철학자들 —예를 들어, 루이 라벨, 가브리엘 마르셀, 시몬 베유 등— 에 비해 가지고 있는 정보나 축적된 결과물들이 상대적으로 적은 사상가였으며, 또한 나의 개별적인 세계관이나 관점과도 상당한 거리감을 가진 철학자였다. 그렇기 때문에 제한된 시간에 분명하고 알기 쉽게 그의 사유를 제시하기가 쉽지 않았던 것이다.

　두 번째는 푸코의 학문적 작업이 상당 부분 사회학적인 성격을 띠고 있었기 때문이었다. 사회학은 사회현상이나 인간현상에 대한 독창적인 자신만의 해석이나 자기주장을 지양하고 가급적 객관적인 데이터와 분석을 통해 어떤 결과를 제시하는 학문이다. 그렇기 때문에 분석의 결과가 담고 있는 철학적 의미를, 즉 푸코 개인의 주장이나 전달하고자 하는 메시지를 파악하는 일이 쉽지 않았다. 이는 푸코의 개인적인 주장이나 메시지를 담고 있는 부분들을 방대한 분량의 문헌에서 분리하는 힘겨운 작업을 요하는 일이었다.

그럼에도 푸코를 마지막 사상가로 선택하는 것에는 망설임이 없었다. 그 이유 역시 두 가지였다. 푸코는 전 유럽에서 인문학 도서로서는 가장 많이 인용되고 가장 많이 판매된, 대중적인 인지도를 가진 결코 무시할 수 없는 사상가이기 때문이다. 그리고 다른 이유는 현대사회가 안고 있는 심각한 사회·정치적인 문제들에 구체적으로, 그리고 직접적으로 도움을 줄 수 있는 사유가 푸코의 사유였기 때문이다. 이러한 이유로 나는 푸코를 마지막 사상가로 선택하지 않을 수 없었다.

푸코의 사상을 적은 분량으로 알기 쉽게 전달하는 일은 매우 힘겨운 작업이었다. 왜냐하면 푸코가 다루고 있는 주제나 대상들은 너무나 방대하기 때문이다. 그는 정치, 사상, 종교, 역사, 문화, 의료 등 삶의 거의 대부분의 주제들을 다루고 있으며, '지식의 고고학'이라는 용어가 말해 주듯 고대부터 현대에 이르는 지식의 변천사에 대해서도 다루고 있다. 게다가 푸코의 학문적인 작업은 철학적 작업이기 이전에 '인간현상과 사회현상'에 대한 객관적인 데이터를 구축하고 이를 통해 현상에 대한 일종의 통계적 결론을 이끌어 내는 사회학적인 작업에 근접해 있어서 그의 주장이나 사상을 분명하게 도출하는 일은 결코 쉽지 않았다.

푸코의 저작들을 살펴보면서 내가 가장 관심을 기울인 점은 푸코의 방대한 저작들 안에 편재한 사회학적 차원의 지식들과 철학적 차원의 앎들을 구분하는 일이었으며, 철학적 사상 혹은 앎이라는 차원에서 그가 가진 고유함(오리지널리티)이나 철학적 메시지가 어디에 있는지를 간파해 내는 것이었다.

푸코의 저작들이 사회학적인 차원의 작업인 것은 그의 학문적 작업 스스로가 말하고 있듯이 그것이 '지식의 고고학'을 형성하고자 한다는 점이다. 즉 과거의 다양한 문서들에 나타나는 앎과 이론들을 마치 고고학자가 화석을 발견하듯이 발견하고 하나의 구조를 통해서 이 앎들의 전체적인 윤곽을 그려 내는 것이다. 반면 철학적 앎이라는 차원에서 푸코가 가진 고유함은 이 같은 현상들에 대한 그만의 고유한 개념들, 즉 역사와 문화적 특수성을 넘어서는 보편적인 사유의 개념을 형성하고 있다는 점이다. 그리고 이러한 개념들을 통해 과거 사회의 문화에서 현대사회의 문화에 이르기까지 모든 것을 비판적인 시각에서 간파하고 지적하는 점은 '사회비판철학'이란 것이 어떤 철학인지를 보다 잘 이해하게 해 주었다. 아마도 푸코를 처음 접하는 이들이라면 진정한 진보사상 혹은 참된 좌파사상이 무엇인지를 알 수 있을 것이다.

한편 개인적으로 내가 가장 큰 흥미를 가지고 집중할 수 있었던 부분은 구조주의로 표방되는 푸코의 사유가 궁극적으로 지향한 것이 오히려 구조를 넘어서고자 한다는 것에 있었다. 그는 시종일관 사회구조나 시스템이 인간 행위를 전체적으로 통제하고 특정한 행동으로 이끌어 가고 있다고 말한다. 하지만 동시에 그는 개개인은 끊임없이 이 같은 사회구조와 시스템을 탈피하고 넘어서야 한다고 간접적으로 역설하고 있다. 그는 과거의 광인을 찬미하였고, 현대에 있어서 광인의 죽음을 개탄하였다. 그리하여 일체의 체계나 시스템 혹은 사회구조를 넘어서고자 하는 개인의 중단 없는 자기 초월을 촉구하고 있다. 이 지점에서는 보수와 진보, 좌와 우, 사회주의와 민주주의를 모두 초월하는 오직 새로움과 자유라는 이름을 가진 '진리'를 갈망하는 한 사람의 형이상학자를 만나는 듯하였다. 이 작은 한 권의 책이 독자들로 하여금 프랑스 철학과 푸코라는 철학자를 이해하는 데 조금이라도 도움이 되고, 또 오늘날의 다양한 사회적 문제들을 고민하고 있는 사람들에게 작은 도움의 빛을 줄 수 있다면, 하는 바람을 가져 본다.

2021년 10월에

아라동 연구실에서, 저자

○ 푸코 연보

1926년 프랑스 '푸아티에Poitiers'에서 출생.

1943년 파리의 '헨리 4세 고등학교'에 입학.

1946년 '파리 고등 사범학교École normale supérieure de Paris' 입학.

1949년 병리 심리학psychologie pathologique 학사 학위 취득.

1951년 철학 교사 자격시험l'agrégation de philosophie 합격.

1952년 병리 심리학 석사 학위 취득, 『꿈과 실존』 번역 출간.

1954년 루이 알튀세르Louis Althusser의 의뢰로 『정신질환과 개성』 출간.

1955년 스웨덴의 웁살라대학에서 문화 고문으로 활동.

1958년 폴란드의 바르샤바에서 '프랑스 문명 센터'의 개설을 담당.

1959년 서독 함부르크의 '프랑스 연구소'의 소장직 수행.

1960년 인생의 동반자였던 다니엘 드페르Daniel Defert를 만남.

1961년 클레르몽페랑Clermont-Ferrand대학에서 철학박사 학위 취득.

1962년 『고전 시대의 광기의 역사』 출간(1972년 2판부터 『광기의 역사』로 출간).

1963년 『임상의학의 탄생』 출간.

1966년 질 들뢰즈Gilles Deleuze와 함께 갈리마르Gallimard 출판사에서 니체 전
집을 프랑스어로 번역 출간 시작.

1966년 『말과 사물』 출간.

1968년 『지식의 고고학』 출간.

1969년 '콜레주 드 프랑스Collège de France'의 교수로 부임.

1971년 『담론의 질서』 출간.

1975년 『감시와 처벌』 출간.

1976년 『성의 역사 1부』에 해당하는 『지식의 의지』 출간.

1978년 대학살이 있었던 이란의 테헤란 방문.

1984년 『성의 역사 2부』와 『성의 역사 3부』에 해당하는 『즐거움의 향유』와 『자기 배려』 출간.

1984년 6월 25일, 57세의 나이에 '후천성면역결핍증(에이즈)'으로 사망.

※ 임종 당시 푸코는 사후에 자신의 저작을 더 이상 출간하지 말 것을 당부하였다. 하지만 사후에 그의 강의 노트는 『산 자들의 정부Du Gouvernement des vivants』(2012), 『처벌 사회La Société punitive』(2013), 『주관성과 진리 Subjectivité et vérité』(2014) 등 10여 권의 다양한 제목으로 출간되었다.

인용문 출처

미셸 푸코, 『감시와 처벌』 오생근 옮김, 나남, 2019.

미셸 푸코, 『성의 역사 1. 지식의 의지』 이규현 옮김, 나남, 2019.

Didier Eribon, *Michel Foucault*, Paris, Flammarion, 2011.

Michel Foucault(원저)

    DE. I: *Dits et Écrits*, vol. I, Paris, Gallimard, 2001.

    DE. II: *Dits et Écrits*, vol. II, Paris, Gallimard, 2001.

    MC: *Les mots et les choses*, Paris, Gallimard, 1966.

    MD: *Mal faire, dire vrai*, Presses universitaires de Louvain,

        2012.

    OD: *L'Ordre du discours*, Gallimard, 1971.

    VS: *Histoire de la sexualité I: La volonté de savoir*, Paris,

        Gallimard, 1976.